우리 집에서 배우는 과학
냉장고 속 화학

우리 집에서 배우는 과학

초판 1쇄 펴낸 날 2020년 6월 15일
초판 2쇄 펴낸 날 2021년 5월 10일

지은이　이경윤
그린이　권나영

펴낸이　백종민
주 간　정인회
편 집　최새미나 · 박보영
외서기획　강형은
디자인　Dgem
마케팅　박진용 · 송지현
관 리　장희정

펴낸곳　주식회사 꿈결
등 록　2016년 1월 21일(제2016-000015호)
주 소　서울시 영등포구 당산로 50길 3 꿈을담는빌딩 6층
대표전화　1544-6533
팩 스　02) 749-4151
홈페이지　dreamybook.co.kr
이메일　ggumgyeol@naver.com
블로그　blog.naver.com/ggumgyeol
트위터　twitter.com/ggumgyeol
페이스북　facebook.com/ggumgyeol
인스타그램　instagramj.com/ggumgyeol
에듀카페　cafe.naver.com/ggumgyeoledu

ⓒ 이경윤, 2020

ISBN 979-11-88260-82-9　73430

이 도서의 국립중앙도서관 출판예정도서목록(CIP)은 서지정보유통지원시스템 홈페이지(http://seoji.nl.go.kr)와
국가자료공동목록시스템(http://www.nl.go.kr/kolisnet)에서 이용하실 수 있습니다. (CIP제어번호: CIP2020019955)

이 책은 저작권법에 따라 보호받는 저작물이므로,
저작자와 출판사 양측의 허락 없이는 일부 혹은 전체를 인용하거나 옮겨 실을 수 없습니다.

책값은 뒤표지에 있습니다.
주식회사 꿈결은 (주)꿈을담는틀의 자매회사입니다.

우리 집에서 배우는 과학

냉장고 속 화학

이경윤 지음 | 권나영 그림

• 머리말 •

　예나 지금이나 과학이 어렵다고 복잡하다고 생각하는 학생들이 많습니다. 아무래도 교육과정에 따라 체계적으로 만들어진 과학 교과서로 시험을 봐야 하는 주요 과목이다 보니 재미보다 점수를 목표로 해서 생긴 부작용일 수도 있습니다. 많은 학생들이 과학 내용을 곱씹어 이해하기보다 주어진 시간 내에 빨리 풀고, 다음 문제로 넘어가야 합니다. 즉 점수를 잘 받는 게 우선입니다. 하지만 곰곰이 생각해 보면 과학이라는 학문은 스스로 탐구하고 이해하지 못한다면 높은 점수를 계속 유지할 수 없습니다. 게다가 과학은 우리 생활 속 호기심을 해결해 주는, 알고 보면 흥미로운 과목입니다.

　이 책은 생활 속 호기심을 충족시킬 뿐만 아니라 우리 곁에 과학이 멀리 있지 않다는 것을 재미있게 소개합니다. 우리가 매일 생활하고 지내는 집에도 과학은 있습니다. 특히 냉장고에는 각종 화학 원리들이 가득합니다.

　냉장고 속 화학 이야기를 시작으로 과학에 대한 흥미와 호기심을 일깨우세요! 그리고 이 책이 부디 여러분께 재밌는 과학 교양서가 되길 바랍니다.

2020년 봄
이경윤

• 차례 •

등장인물 • 6
배경 스토리 • 8

1장 냉장고 속 물맛에 숨은 화학 • 11

2장 냉동실 속 아이스 바에 얼린 화학 • 29

3장 달콤한 초콜릿에 스며든 화학 • 43

4장 균이 득실거리는 발효 식품 • 61

5장 커피가 물에 녹는 원리 • 73

6장 팬케이크를 더욱 맛있게 만들어 주는 화학 • 91

7장 느끼함을 없애 주는 탄산음료 속 화학 • 105

8장 냉장고에 보관하면 안 되는 과일 • 119

9장 냉장고 속 속 쓰림을 달래 주는 음식 • 135

10장 달걀노른자의 마술, 마요네즈 속 화학 • 153

11장 채소에 남은 농약을 없애는 원리 • 169

등장인물

새미

중학교 1학년. 머리는 좋은데 좋아하는 과목만 공부해 과목 편식이 심하다. 식탐이 많아 머릿속에 오늘 먹을 메뉴를 고르느라 바쁘다. 가장 좋아하는 일은 휴대폰으로 먹방 시청하기. 그런데 얼마 전 휴대폰을 떨어뜨리는 바람에 새 휴대폰이 절실한 상황이다. 마침 새 휴대폰으로 바꿔 주겠다는 엄마의 제안에 앞뒤 안 재고 덜컥 수락하고 마는데….

새미 아빠

고등학교 수학 교사이자 아내의 고민이 곧 자신의 고민이라는 애처가. 요리와 낚시에 관심이 많다. 요즘 아빠의 최대 걱정거리는 딸 새미! 어느 날, 새미의 식탐을 이용해 과학 점수를 높이라는 아내의 특명을 받는다. 만약 성공하면 평소 갖고 싶어 하던 새 낚싯대를 얻을 수 있다는데….

새미 엄마

꿈결과학연구소의 수석 연구원. 딸이 공부를 못하는 것도 아닌데 과학 점수가 계속 낮아져 고민이다. 과학 점수를 높이려 학원도 보내고 과외도 시켜 보지만 별 효과가 없다. 결국 고심 끝에 새미의 과학 흥미를 높여 점수도 높이려는 계획을 세운다. '화학캠 케미'라는 앱을 개발한 뒤 딸과 남편에게 각각 한 가지 제안을 건네게 되는데….

화학캠 케미

기본 사양 안드로이드폰, 아이폰 겸용
개발자 DOCTOR Park 외
소개 인공지능 음성 인식 기능으로 생활 속에서 궁금한 화학 지식을 음성 또는 화면으로 안내해 준다. 또 화상 인식 기능도 있어 궁금한 장면을 카메라로 찍으면 인공지능이 스스로 학습한 화학 지식을 찾아서 알려 준다.

배경 스토리

꿈결과학연구소에서 일하는 새미 엄마. 토요일 아침에서야 집으로 돌아왔다. 주방에서 외동딸 새미가 돈가스를 흡입하면서 먹고 있는 모습에 엄마는 불현듯 어제 연구소에서 들었던 말이 떠오른다.

"내년이면 벌써 새미가 중2가 되나요? 박사님 닮았으면 과학을 엄청 잘하겠네요!"

한두 번 듣는 말은 아니지만 이 말을 들을 때마다 괜히 가슴이 뜨끔해진다. 사실 새미의 교과 성적 중에 제일 낮은 점수가 바로 과학이기 때문이다.

새미는 그런 엄마의 마음을 아는지 모르는지 엄마를 보자마자 새 스마트폰을 사달라며 조른다. 얼마 전 새미가 떨어뜨린 휴대폰 액정은 이미 여러 줄의 금이 있다. 그런데 옆에서 새미 아빠가 슬쩍 끼어든다. 새 낚싯대가 갖고 싶다고. 예상이라도 했다는 듯이 엄마가 차분하게 말한다.

"만약 새미가 과학 점수를 평균 이상으로 넘긴다면 새 휴대폰도, 낚싯대도 사줄 수 있어요! 어때요? 두 사람이 힘을 합쳐 도전해 보지 않겠어요?"

"엄마~ 그건 불가능하잖아요. 과학은 재미도 없고 어렵단 말예요."

"너 먹는 거 좋아하잖아? 지금처럼 아빠가 해 준 음식도 다~ 과학과 연관되어 있어. 이참에 아빠랑 집에서 과학 점수 좀 올려 봐."

"어떻게요?"

"엄마가 그 바쁜 연구소에서 시간 날 때마다 만든 게 있어. 이 앱을 우리 집 냉장고랑 같이 활용해서 과학 좀 배우면 되겠네."

엄마는 새미의 폰에 '화학캠 케미'라는 앱을 설치해 준다. 이 앱은 인공 지능 음성 인식 플랫폼을 기반으로 화학 원리를 음성으로 물어보면 음성 및 화면 내용으로 알려 준다.

과연, 새미는 화학캠 케미로 과학 점수를 올릴 수 있을까?!

1장

냉장고 속 물맛에 숨은 화학

— 왜 찬물이 더 맛있다고 느껴질까?

💬　　평화로운 토요일, 아빠와 새미는 식탁에서 서로 얼굴만 멀뚱멀뚱 바라본다.

"아빠. 새 핸드폰이 무척 갖고 싶어요."
"나도 새 낚싯대가 무척 갖고 싶다. 후후… 그런데 우리에게 합법적인 기회가 생긴 거야!"
"야호!"

새미가 환호를 지르지만 이내 시무룩한 표정이다.

"그런데 어떻게 과학 점수를 잘 받죠?"

새미는 돈가스를 맛있게 먹다가 과학 성적 생각에 갑자기 목이 막혀 온다. 식탁 위의 물을 마시려는데 이미 미지근하다. 냉장고에서 찬물을 꺼내 벌컥벌컥 마시기 시작한다.

"캬! 시원하다. 역시 물은 찬물이 최고야!"

그때 샤워를 하고 온 새미 엄마가 말한다.

"찬물은 우리 몸을 차갑게 해서 좋지 않아. 미지근한 물이 몸에 더 좋을 텐데?"
"전 미지근한 물은 시원하지도 않고 맛없어서 별로예요."
"음, 지금 네가 목이 너무 말라 찬물이 더 맛있게 느껴진 게 아닐까?"
"아니에요. 언제든 분명 찬물이 더 맛있을 거예요."

그때 아빠가 끼어든다.

"엄마 말도 일리가 있다. 물맛은 기분에 따라 다르게 느껴지지. 원효대사도 해골에 담긴 물을 그리 맛있게 마셨다잖아?"
"그건…그렇지만요. 어, 어쨌든 전 찬물이 제일 맛있어요!"

새미가 끝까지 찬물을 고집하자 엄마가 이번에는 베란다에 보관해 두었던 생수병을 가져온다.

"그럼 새미야, 정수기 물 대신 생수를 마셔 보는 건 어때?"
"생수요?"
"그래, 생수가 몸에도 좋고 맛도 좋다 하니 앞으론 이걸 마셔 보자고."

새미는 엄마가 건넨 생수 병을 만져 보더니 그냥 식탁에 올려둔 채 말한다.

"흥, 생수든 정수기 물이든 미지근한 게 전 싫어요. 그리고 생수나 정수기 물이나 물은 다 똑같은 맛 아닌가요?"

"이 아빠는 생수가 건강에 좋다고 해서 그런지 생수가 제일 맛있게 느껴지더구나."

물맛에 대해 서로 이야기를 주고받던 중에 갑자기 새미의 휴대폰이 식탁에서 징징 소리를 내며 울린다. 새미 엄마가 깔아 둔 화학캠 케미 앱이 설치를 끝내고 작동한 것이다.

"어머! 내 정신 좀 봐. 궁금한 건 여기에 물어보면 될 텐데! 좋아, 지금부터 진짜 찬물이 미지근한 물보다 더 맛있는지, 또 생수가 정수기 물보다 더 맛있는지 알아내는 거야, 어때?"

새미는 갑작스런 엄마의 제안에 망설였지만 이내 손을 뻗어 핸드폰을 쥐며 말한다.

"좋아요. 도전해 보겠어요!"

아빠가 서둘러 식탁에서 무언가를 준비한다. 그리고 준비가 끝나자 새미를 부른다. 식탁 위에는 물이 담긴 3개의 컵이 놓여 있다.

"이 3개의 컵에는 각각 다른 종류의 물이 담겨 있어. 새미야. 어떤 컵의 물이 가장 맛있는지 맛을 봐."

새미가 각각의 컵에 담긴 물맛을 보더니 고개를 갸우뚱했다. 아빠는 그런 새미를 보더니 먼저 말한다.

"음… 세 번째 컵의 물이 가장 맛있는 것 같은데?"

아빠의 말에 새미는 다시 물을 마셔 본다.

"엇! 그러게요. 세 번째 컵의 물이 더 맛있는 것 같아요!"
"훗! 그런데 놀랍게도 세 번째 컵의 물이 바로 수돗물이라는 사실이야."

"네? 설마요?"

"진짜야. 첫 번째 컵은 생수, 두 번째 컵은 정수기 물, 세 번째 컵은 수돗물이야."

새미는 눈이 동그래진다. 뭐가 어떻게 된 건지 알 수 없자 새미는 엄마가 설치해 준 앱을 실행시켜 보기로 했다. 앱을 실행시키자 음성이 들린다.

 "삐빅— 무엇이 궁금한가요?"

새미는 목을 가다듬고 케미 앱을 향해 질문을 던진다.

"케미! 왜 수돗물이 정수기 물이나 생수보다 더 맛있는 거야?"

 "삐빅- 관련 내용을 검색합니다."

물맛 테스트 1위 수돗물

수돗물 맛이 어떤지 알아보기 위해 서울시에서 시민들을 대상으로 물맛 테스트를 시행한 적이 있습니다. 눈을 가리고 시중에서 파는 물을 각각 마시게 한 뒤 가장 물맛이 좋은 제품을 고르도록 했습니다. 이 테스트에서 과연 어느 제품이 1등으로 뽑혔을까요?

뜻밖에도 1등을 차지한 물은 바로 '아리수'였습니다. 아리수는 서울시에서 제공하는 수돗물의 공식 브랜드명입니다. 몇몇 사람들은 수돗물 하면 소독약 냄새가 나고 또 몸에도 좋지 않을 거라는 선입견이 있습니다. 이 수돗물이 여러 생수 제품들을 제치고 물맛 대회 1등을 차지한 것입니다. 물론 이 대회는 아리수를 직접 생산하는 서울시에서 주최한 것이므로 100% 신뢰하기 어려울 수 있습니다. 하지만 비싸다고 물맛이 더 좋다는 편견에 의문을 던질 수 있었습니다.

보통 사람은 물맛의 차이를 느끼기 어려우나 미각에 민감한 사람은 미세하고 오묘한 물맛의 차이를 감지해 내기도 합니다. 이는 물에 녹아 있는 미네랄 함량의 차이 때문입니다. 사람들은 주로 칼슘과 칼륨 함량이 높을 경우 단맛을, 마그네슘 함량이 높을 경우 쓴맛을 느낍니다. 또 전체적으로 미네랄 함량이 높으면 강하고 진한 맛을, 낮으면 연하고 부드러운 맛을 느낄 수 있습니다. 좋은 물은 목 넘김이 좋고 물맛 또한 진하다고 합니다. 가격이 비싼 물일수록 미네랄 함량과 청결에 더 신경을 썼을 테고, 이 경우 물맛이 좋을 가능성도 높습니다. 물론 미네랄 함량이 균형을 이루어 몸에 더 이롭기도 합니다. 재미있는 것은 나라마다 '캬! 시원하다'라고 느끼는 물맛이 다르다는 점입니다. 우리나라 사람들은 가볍고 부드러운 물맛을 선호하는 반면, 프랑스 사람들은 무겁고 진한 물맛을 좋아한다고 합니다. 이는 자신이 사는 곳의 물맛에 익숙하기 때문인데 우리나라의 물은 미네랄 함량이 낮아 연하고 부드러운 맛이 나는 반면, 프랑스의 물은 미네랄 함량이 높아 진한 맛이 난다고 합니다. 따라서 가장 좋은 물맛을 내는 미네랄 함량은 나라마다 다를 수밖에 없습니다.

💬 "에이~ 이 내용만 가지고는 수돗물이 왜 더 맛있는지 알 수 없잖아요."

"그러게. 미네랄 차이라고 하지만 수돗물이 생수나 정수기 물보다 미네랄이 더 많다는 보장도 없지."

"또 다른 이유가 있을 것 같아요!"

새미가 다시 화학캠 케미 앱을 이리저리 살핀다. 하단에 카메라 아이콘이 있길래 그걸 누르자 카메라 화면과 함께 "궁금한 부분을 촬영하세요"라는 메시지가 뜬다. 새미는 휴대폰을 3개의 물컵에 갖다 대고 촬영 버튼을 눌렀다. 그러자 다음과 같은 메시지와 함께 케미의 음성이 들린다.

"삐빅- 궁금한 부분을 말하세요."

새미가 얼른 대답한다.

"이 3개의 물컵 중 수돗물이 제일 맛있게 느껴지는 이유를 알고 싶어!"

케미가 잠시 기계음을 내며 작동한다. 그리고 다음과 같은 대답을 내놓는다.

"3개의 물은 온도의 차이가 있습니다."

아빠가 놀란 눈으로 외친다.

"뭐야. 온도 때문이었어?"

새미가 당장 온도계를 가져와 물의 온도를 측정한 뒤 메모지에 적어 놓았다.

생수: 20℃   정수기: 20℃   수돗물: 15℃

"쳇, 뭐야. 결국 온도 때문에 수돗물이 더 맛있게 느껴졌던 거네요?"

"음, 우리가 느낄 수 있는 물맛의 차이는 온도가 가장 큰 영향을 주는 것 같구나."

궁금증이 덜 풀린 새미가 급하게 케미에게 질문한다.

"케미! 진짜 물맛의 차이를 결정하는 게 무엇인지 좀 자세히 알려 줘~!"

"삐빅- 관련 내용을 검색합니다."

물맛의 차이를 결정하는 것은 온도일까?

물맛의 차이에 대해 몇몇 과학자들이 연구한 결과, 그 비밀은 물의 '온도'에 있다는 사실이 밝혀졌습니다.

마트에서 구입하는 생수는 제품의 종류와 상관없이 대개 시원하고 맛있습니다.

그렇다면 왜 찬물이 미지근한 물보다 더 맛있는 걸까요? 이에 대해서는 두 가지 가설이 있습니다.

① **산소의 용해도[1]** – 찬물에 산소가 더 많이 녹아 있기 때문이다?

실제로 온도가 낮을수록 물속에 기체가 더 많이 녹을 수 있습니다.

화학에서 어떤 물질이 물에 녹는 과정은 다음과 같은 요소로 이루어집니다.

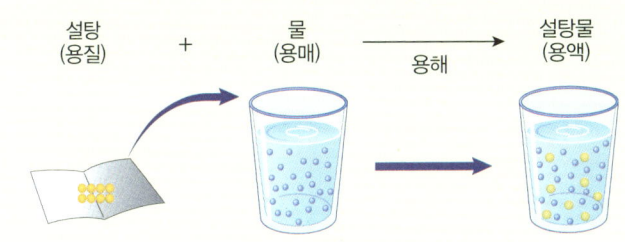

즉, 설탕[용질2]이 물[용매3]에 녹은 설탕물을 용액[4]이라 하고 설탕이 물에 녹는 정도를 용해도라 합니다. 이러한 용해도는 설탕과 같은 고체 용질의 경우 온도가 높을수록 더 커집니다. 더욱 잘 더욱 많이 녹는다는 뜻입니다. 실제 찬물에서는 설탕이 많이 녹지 않지만 뜨거운 물에서는 많이 녹는 것이 이와 같은 이유 때문입니다.

그런데 물에 산소가 녹는 것은 기체 용질이 녹는 것이기 때문에 고체 용질과 반대로 온도가 낮을수록 더 많이 녹게 됩니다. 즉 기체 용질의 경우 온도가 낮을수록 용해도는 더 커지는 것입니다. 한 예로, 콜라는 물에 이산화탄소가 녹아 있어 톡 쏘는 맛이 납니다. 이때 콜라의 온도가 낮을수록 이산화탄소는 더 많이 녹아 있어 톡 쏘는 맛도 더 강해지는 것입니다. 반대로 콜라의 온도가 높아지면 이산화탄소가 덜 녹아 있게 되므로 톡 쏘는 맛이 약해져 밍밍해집니다.

그런데 이산화탄소의 경우 아무리 낮은 온도라 하더라도 물에 녹는 양은 한계가 있습니다. 이산화탄소가 기체이기 때문입니다. 그래서 보통의 물은 톡 쏘는 맛이 나지 않습니다. 하지만 콜라의 경우 낮은 온도에 높은 압력까지 더해 강제로 이산화탄소를 더 많이 녹입니다. 그래서 강한 톡 쏘는 맛을 즐길 수 있습니다. 콜라 뚜껑을 열 때 거품이 일어나는 것은 높은 압력이 낮아지면서 녹아 있던 이산화탄소가 빠져나오기 때문입니다. 그리고 뚜껑을 열어둔 상태로 놓아 두면 압력이 낮아지므로 이산화탄소가 녹지 않은 채로 많이 빠져나와 톡 쏘는 맛은 점차 사라지게 됩니다.

산소의 경우도 마찬가지입니다. 산소도 기체이므로 물의 온도가 낮을수록 더 많이 녹을 수 있습니다. 그래서 미지근한 물보다 찬물에 산소가 더 많이 녹게 돼 물맛에 영향을 주는 것입니다. 일반적으로 물에 산소가 더 많이 녹아 있으면 물맛도 더 좋아진다고 알려져 있습니다.

② **육각수 가설**
상온의 물을 전자 현미경으로 들여다보면 대부분 물 분자[5]는 오각형 모양으로 배열되어 있습니다. 그리고 온도가 0℃에 가까워질수록 배열이 육각형 모양으로 바뀌는 것을 확인할 수 있습니다.

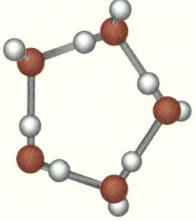 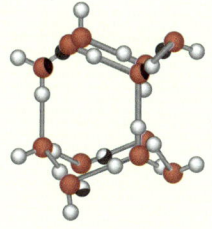

5각수 구조의 물 형태   6각수 구조의 물 형태

놀라운 것은 몸속의 물 가운데 무려 62%가 육각수 형태로 존재한다는 사실입니다. 결국 찬물에는 인체의 세포[6]에 최적화된 육각수 함량이 높아 더 맛있게 느껴진다는 뜻입니다. 또 인체의 세포 속에 있는 물도 육각형 구조를 이룰 때 가장 건강한 상태라는 사실이 연구를 통해 밝혀졌습니다.

그렇다면 왜 물이 차가울수록 육각형 구조가 더 많아지는 것일까요? 그 비밀은 온도에 따라 물 입자의 배열이 변한다는 사실에 있습니다. 보통 온도의 물10℃ 정도에서 육각형 구조의 물 분자는 3~4% 존재합니다. 물의 온도가 점점 낮아질수록 육각형 구조의 물 분자는 점점 많아지며, 0℃ 물에서는 전체 물의 10% 정도가 육각형 구조로 변합니다. 그러다가 얼음이 되면 거의 대부분이 육각형 구조로 바뀝니다. 다음 그림과 같이 온도에 따라 물 입자의 배열이 변하기 때문입니다.

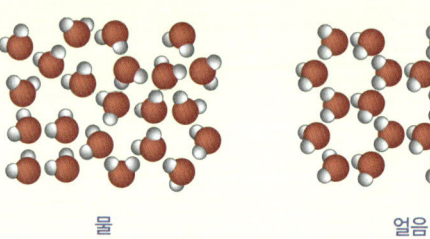

물　　　　　　　얼음

위 그림처럼 액체 상태일 때는 물 입자가 거의 무질서한 오각형 모양의 배열을 이루다가 얼음과 같은 고체 상태로 변하면 육각형 모양의 질서 정연한 배열을 이룹니다. 그래서 겉으로 보기에 물은 출렁거리지만, 얼음은 단단한 모양입니다. 이때 자세히 살펴보면 물보다 얼음에 빈 공간이 더 많다는 사실을 알 수 있습니다. 물이 얼음이 되면 오각형 배열에서 빈 공간이 더 많은 육각형 배열로 바뀌면서 부피가 커지기 때문입니다. 실제 얼음이 물보다 부피가 크다는 사실은 겨울철 병에 든 사이다가 얼 때 부피가 커지면서 병이 깨지는 것으로 증명할 수 있습니다.

지금까지 찬물이 맛있는 이유에 대해 산소의 용해도와 육각수 가설로 알아봤습니다. 기억해야 할 것은 이 둘 모두 법칙이 아니라 가설이니 참고만 해야 한다는 사실입니다.

과학에는 법칙과 이론, 가설이 있는데 법칙은 믿어도 되는 것이고 이론과 가설은 아직 완전한 법칙으로 증명된 것이 아닌 상태입니다. 예를 들어 뉴턴의 만유인력은 법칙이지만 다윈의 진화론은 이름 그대로 이론 또는 가설입니다.

---

1 용해도: 어떤 물질이 용매에 얼마나 잘 녹는지를 나타내는 값으로 일정한 온도에서 용매 100g에 최대로 녹을 수 있는 용질의 g수로 나타낸다.
2 용질: 설탕과 같이 녹는 물질을 용질이라 한다.
3 용매: 물과 같이 녹이는 물질을 용매라 한다.
4 용액: 용매에 용질이 녹아 있는 상태를 용액이라 한다.
5 분자: 물질의 성질을 지니고 있는 가장 작은 입자를 말한다.
6 세포: 생물을 이루고 있는 기본 단위체를 말한다.

 새미는 케미가 알려 준 내용에 고개를 끄덕인다.

"아! 이제 찬물이 맛있는 이유를 조금 알게 된 것 같아요."

"흠, 나도 마찬가지야. 근데 마지막에 이게 법칙이 아니라 가설이라니 조금 믿음이 떨어지는 부분도 있어. 내 생각엔 이런 화학적 이유 외에 찬물이 목을 시원하게 해 주니까 더 맛있게 느껴지는 부분도 있을 것 같아."

"엇, 저도 그 생각했어요!"
"정말? 우리 새미도 제법인데?"

사실 새미는 물맛의 비밀을 알아보는 동안 학교 수업 때 배운 용해도, 물과 얼음의 부피 등의 내용이 생각보다 쉽게 다가오는 것을 느꼈다.

"아빠! 오늘처럼 공부하면 과학 성적이 조~금 오를 수도 있겠다는 생각이 들어요."
"정말이냐?"
"네, 학교에서 배울 때는 과학이 완전 재미없었는데요. 오늘은 더 알고 싶더라고요."
"오! 역시 너희 엄마는 다~ 계획이 있던 거였어. 좋아, 아빠도 열심히 옆에서 도와줄게!"
"헤헤. 빨리 새 핸드폰을 갖고 싶어요."
"하하. 나도 빨리 새 낚싯대를 갖고 싶구나!"

불현듯 무언가가 떠올랐는지 아빠가 손뼉을 치며 말한다.

"아~ 맞다! 우리 아직 디저트를 못 먹었네? 새미야, 디저트로 뭐 먹고 싶은 거 없어? 아빠가 만들어 줄게."

"아빠! 저는 시원한 거 먹고 싶어요."

"마침 잘 됐다. 내가 며칠 전에 아이스 바 재료를 사났거든?"

"오오. 역시 아빤 셰프가 분명해요! 근데 아이스 바에도 화학 원리가 들어 있지 않을까요?"

"와! 우리 새미가 이제 그런 생각까지? 좋았어! 다음은 아이스 바로 화학 원리를 알아보자!"

"예, 셰프!"

물은 0℃에서 얼지 않는다?

우리는 0℃에서 언다는 사실을 알고 있습니다. 하지만 실제로 온도계를 대고 실험해 보면 물은 절대 0℃에서 얼지 않습니다. 대개는 0℃보다 더 낮은 온도에서 업니다. 물이 끓는 온도도 마찬가집니다. 보통 100℃에서 물이 끓는다고 하지만 온도계를 대고 물을 끓여 보면 막상 온도는 100℃가 아닌데도 끓는 것을 확인할 수 있습니다.

과학 교과서에서 물의 어는 온도를 0℃, 끓는 온도를 100℃로 규정하고 있는 것은 단서 조항이 있습니다. 즉 지금 우리가 알고 있는 각종 미네랄이 포함된 물이 아닌 순수한 물이어야 하고 온도와 기압도 반드시 0℃, 1기압의 조건일 때 물이 어는 온도는 0℃, 끓는 온도는 100℃가 되어야 한다는 조항입니다.

미네랄이 포함된 물이 아닌 순수한 물은 일반 물을 증발시켜 수증기로 만든 다음 다시 그 수증기를 응축시켜야 얻을 수 있으므로 실생활 속에서는 구하기가 매우 힘듭니다.

하지만 어렵게 얻은 순수한 증류수로 0℃, 1기압에서 실험을 해도 물이 어는 온도인 0℃와 끓는 온도인 100℃가 정확히 맞춰지지 않습니다. 이때의 차이는 순수한 증류수를 담은 용기의 종류와 모양 때문에 생깁니다. 알루미늄 용기냐, 유리 용기냐에 따라 어는 온도와 끓는 온도가 미세하게 차이가 나고, 또 그릇의 모양이 둥근지, 각진지, 깊은지, 넓은지에 따라 차이가 납니다.

이러한 사실은 우리가 과학을 배울 때 법칙을 무조건적으로 믿어서는 안 된다는 교훈을 일깨워 줍니다. 즉, 과학의 법칙은 어떤 특정 조건에서만 맞는 것이지 언제든지 예외가 있을 수 있습니다. 만약 아인슈타인이 뉴턴의 절대 법칙을 무작정 믿었다면 절대 법칙과는 반대인 상대성이론을 발견할 수 없었을 것입니다.

| 뉴턴(왼쪽)과 아인슈타인(오른쪽) 모습 |

2장

냉동실 속 아이스 바에 얼린 화학

– 왜 아이스 바의 부피가 늘어났을까?

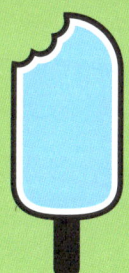

💬 　　새미 아빠는 디저트로 새미와 같이 먹을 아이스 바를 만들려고 준비한다.

"세상에~ 아이스 바를 집에서 직접 만들어 주는 아빠는 아빠뿐일 거예요!"

아빠가 냉장고에서 꺼낸 재료는 아주 간단하다. 비타민 가루와 망고가 전부다.

"비타민과 망고가 들어가니까 몸에도 좋고 맛도 괜찮을 거야."

그때 엄마가 만족스런 표정으로 다가와 엄지를 치켜든다.

"역시~ 새미 아빠! 최고예요!"

아빠는 커다란 물병에 정수기 물을 가득 담고 거기에 비타민 가루를 넣어 녹인다. 새미는 옆에서 비타민 가루가 물에 녹는 모습을 가만히 지켜보더니 화학캠 케미를 슬쩍 꺼낸다.

"아빠! 이 비타민 가루가 녹는 모습에도 무슨 화학 원리가 있지 않을까요?"
"으응? 그럼 케미한테 물어보자!"
"케미! 비타민 가루가 물에 녹는 원리가 뭐야?"

"삐빅— 관련 내용을 검색합니다."

비타민 가루가 물에 녹는 원리

비타민 가루는 다음과 같이 물에 녹아 비타민 용액이 됩니다.

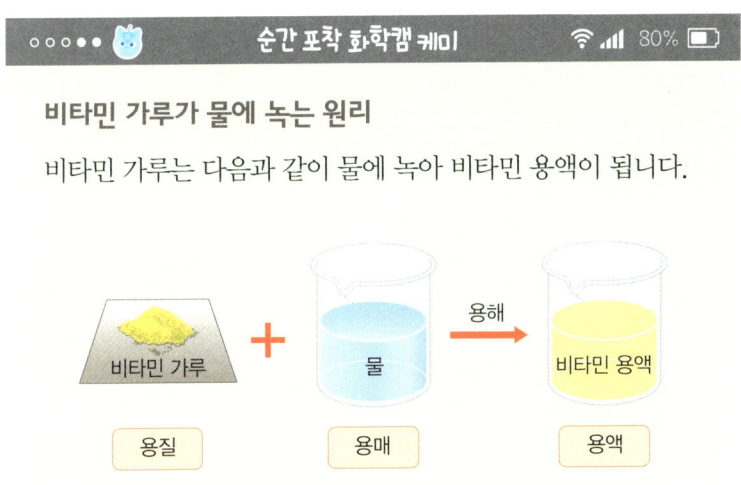

그렇다면 비타민 가루는 어떤 원리로 물에 녹게 되는 것일까요? 화학에서 용질이 용매에 녹는다는 뜻은 다른 말로 서로 섞인다는 뜻과 같습니다. 용질 입자나 용매 입자를 아주 작은 단위로 보면 결국 알갱이로 이루어져 있습니다. 물과 같은 액체도 눈에는 액체로 보이나 이를 아주 작은 단위까지 쪼개면 결국 물 분자라는 알갱이입니다.

여기에 비타민 가루를 섞어 주면 물 분자들과 비타민 가루 알갱이들은 서로를 끌어당기는 성질로 인해 비타민 가루를 물 분자 속으로 퍼져 나가게 합니다. 이렇게 물 분자 알갱이들과 비타민 가루 알갱이들이 서로 섞이면서 녹습니다.

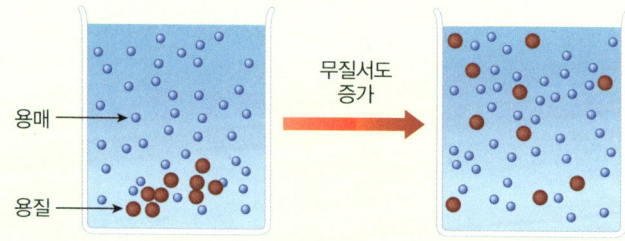

이때 물 분자들과 비타민 알갱이들이 서로를 끌어당기는 이유는 부분적인 전기 성질을 띠기 때문입니다. 물 분자의 부분적 (+)전기를 띠는 부분이 비타민 알갱이의 부분적 (−)전기를 띠는 부분을 끌어당기는 원리입니다.

물 분자는 산소 원자 1개와 수소 원자 2개가 결합한 모양입니다. 이때 산소 원자 부분이 부분적 (−)전기를, 수소 원자 부분이 부분적 (+)전기를 띱니다. 비타민 분자는 이보다 매우 복잡한 구조를 하고 있는데 물 분자와 마찬가지로 알갱이 하나에 부분적 (+)전기와 부분적 (−)전기를 띠는 부분이 존재합니다.

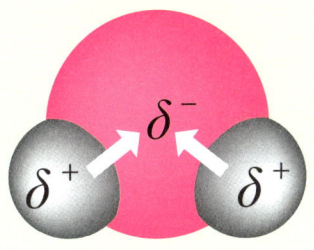

물 분자의 모습

하지만 나프탈렌 가루의 경우 아무리 물에 녹여도 녹지 않는데 이는 나프탈렌 가루의 알갱이가 전기적 성질을 띠지 않아 물과 섞이기 힘들기 때문입니다.

"역시! 비타민 가루가 물에 녹는 데에도 이런 화학 원리가 숨어 있었네요."

새미가 조금 놀란 눈으로 화학캠 케미를 바라본다. 아빠도 고개를 끄덕이며 망고를 집어 깍둑썰기로 썬다. 그런 다음 얼음과자를 만드는 틀을 가져와 거기에다 비타민을 녹인 물과 망고 조각을 가득히 담는다.

"어라, 그렇게 간단해요?"

"물론이지. 이렇게 해서 냉동실에 넣어 얼리면 맛있는 망고 아이스 바가 된단다."

새미는 벌써 입에서 군침이 돈다.

"아빠! 그럼 얼마나 기다려야 해요?"

"아… 그러고 보니 이건 얼어야 하니까 한 5~6시간은 기다려야겠지?"

"헉! 그렇게 오래요?"

"새미야~ 그럼 기다리는 동안 케미에게 뭐 또 물어볼 건 없을까?"

새미가 화학캠 케미의 카메라 버튼으로 얼음과자 틀을 찍는다. 그러자 다음과 같은 메시지와 함께 케미의 음성이 들린다.

 "삐빅– 궁금한 부분을 말하세요."

"케미, 혹시 얼음과자가 어는 데도 화학 원리가 있어?"

케미가 잠시 기계음을 내며 작동한다.

 "삐빅– 관련 내용을 검색합니다."

비타민 용액이 어는 온도는 0℃보다 낮다.

순수한 물이 얼음이 되려면 온도가 0℃여야 합니다. 하지만 비타민 용액이 얼음이 되려면 온도가 0℃보다 더 낮아야 합니다. 이유는 순물질[7]과 혼합물[8]의 차이 때문인데요. 비타민 용액은 물과 비타민이 섞여 있으므로 혼합물이 됩니다. 혼합물은 순물질보다 어는 온도가 낮아지게 됩니다.
혼합물의 어는 온도^{이하 어는점}가 순물질보다 더 낮은 이유는 단위 부피당 존재하는 입자의 개수가 순물질보다 더 많기 때문입니다. 예를 들어 순물질에서는 10개 입자의 온도를 낮춰야 하지만 혼합물에서는 15개 입자의 온도를 낮춰야 하기에 그만큼 에너지가 더 많이 이용되는 것입니다.

그래서 다음 그래프와 같이 순수한 물의 어는점은 0℃인 반면 소금이 녹아 있는 소금물의 어는점은 0℃보다 더 낮아집니다.

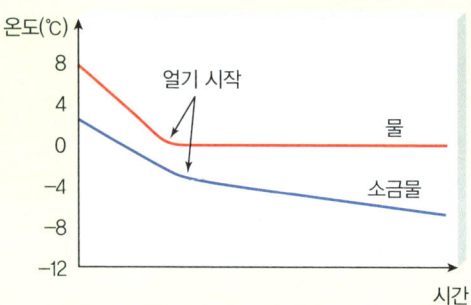

위 그래프에서 주목할 점은 소금물의 어는점이 시간이 갈수록 더 낮아진다는 사실입니다. 소금물이 얼 때 처음에는 물만 얼게 됩니다. 그러니 남아 있는 소금물의 농도가 점점 더 진해져서 어는점도 더욱 낮아지게 되는 것입니다.

혼합물의 어는점이 낮아지는 성질을 이용한 대표적 예가 바로 겨울철 빙판에 소금을 뿌리는 일입니다. 소금을 뿌리면 얼음과 소금의 혼합물 상태가 되므로 어는점이 낮아져서 비록 0℃ 이하의 온도라 하더라도 얼지 않게 되므로 녹기 시작하는 것입니다.

---

7 순물질: 아무 것도 섞여 있지 않고 한 가지 성분으로만 이루어진 물질이다.
8 혼합물: 한 성분에 다른 성분이 섞여 있는 물질이다.

💬　　새미와 아빠는 시간 가는 줄도 모르고 케미와 화학 원리를 살펴봤다. 그러다 문득 시계를 쳐다보니 어느새 저녁 시간이었다. 새미는 아빠가 차려 준 저녁을 맛있게 먹으면서 아까 케미가 알려 준 화학 원리를 곱씹었다. 식사가 끝나고 아빠와 함께 TV를 보며 깔깔거리고 있는데 엄마가 다가와 말한다.

"이제 망고 아이스 바가 완성되지 않았을까?"

새미의 눈이 기대감으로 반짝였다. 새미는 설레는 마음으로 냉동실 문을 열었다. 그런데 어떻게 된 일인지 망고 아이스 바는 비타민 용액이 부풀어 올라 뚜껑을 비집고 올라온 채 엉망진창인 모습이었다.

"아빠, 이게 어떻게 된 일일까요??"

그때 엄마가 옆에서 말한다.

"에고! 비타민 용액을 용기에 너무 가득 담았네요."
"난 그냥 꽉 채워 담았을 뿐인데… 왜 이리 넘쳤지?"

새미는 화학캠 속 카메라로 비타민 용액이 넘친 모습을 찍었다. 그러자 곧바로 케미의 음성이 들린다.

"삐빅- 궁금한 부분을 말하세요."

"케미~ 용기에 딱 맞게 채운 비타민 용액을 얼리면 왜 이렇게 넘치는 거야?"

"삐빅- 관련 내용을 검색합니다."

물보다 얼음의 덩치가 더 크다?

아주 추운 겨울철, 병 사이다가 얼어 병이 깨진 모습을 가끔 볼 수 있습니다. 이런 현상이 나타나는 이유는 물이 얼어 얼음으로 될 때 부피가 10% 커지는 성질이 있기 때문입니다.

예를 들어 100cc의 물이 얼면 100cc의 얼음이 되는 것이 아니라 110cc 정도 부피의 얼음이 됩니다. 물이 얼 때 왜 이런 부피 차이가 생기는 것일까요? 그 비밀은 물의 분자 배열에 있습니다. 다음은 물과 얼음의 물 분자 배열 모습입니다.

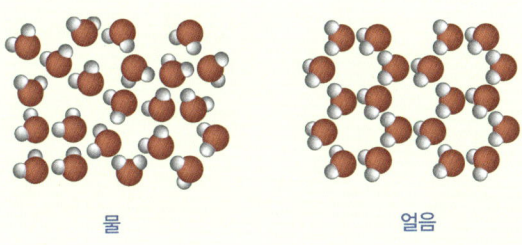

물   얼음

자세히 보면 물은 분자 배열 모습이 오각형 형태인 반면, 얼음은 분자 배열 모습이 육각형 형태임을 알 수 있습니다. 즉, 분자와 분자 사이 공간이 물보다 얼음이 더 큽니다. 이 때문에 같은 부피의 물이 얼음으로 변할 때 부피가 더 커집니다. 더 자세히 설명하면 물은 서서히 온도가 낮아지다가 4℃가 되면 점점 육각형 배열로 형태를 바꾸면서 부피가 커지기 시작합니다. 이런 이유로 같은 양의 얼음은 물보다 부피가 큽니다.

같은 양의 물보다 얼음의 부피가 크기 때문에 밀도는 반대로 물보다 얼음이 더 작게 됩니다. 화학에서 밀도란 단위 부피당 질량g/mL을 뜻합니다. 예를 들어 물 100mL당 질량은 100g입니다. 따라서 물의 밀도는 1g/mL이 됩니다. 그러나 얼음 100mL당 질량은 90g밖에 되지 않습니다. 따라서 얼음의 밀도는 0.9g/mL가 됩니다. 이러한 이유로 얼음을 물에 띄우면 둥둥 뜨게 됩니다. 얼음의 밀도가 물보다 더 작기 때문입니다.

그런데 얼음의 밀도가 물보다 더 작은 현상은 자연계에 매우 유용하게 이용되고 있습니다. 가장 가까운 예시는 겨울에 강물이 표면부터 어는 현상입니다. 만약 물이 얼음보다 밀도가 작지 않고 더 크다면 강물의 가장 아래부터 얼게 될 것입니다. 이렇게 될 경우 나중에는 강물 전체가 다 얼어서 강에 사는 생물들이 멸종하고 말 것입니다. 하지만 다행히 물보다 얼음의 밀도가 더 작아 강물은 표면부터 업니다. 이 표면의 얼음이 외부의 찬 공기를 차단하는 역할을 하여 표면 얼음 아래의 강물은 더 이상 얼지 않고 그 속의 생물들도 잘 살아갈 수 있게 됩니다.

 새미가 새로운 사실에 감탄사를 쏟아낸다.

"와! 이런 이유가 있었네요. 놀라워요!"

옆에서 함께 본 아빠도 덩달아 놀라기는 마찬가지다.

"어이쿠, 물이 얼면 부피가 늘어난다는 건 알고 있었는데 내가 깜빡 실수를 했구나. 그나저나 얼음의 부피가 늘어나는 데 이렇게 깊은 원리가 있는 줄은 몰랐어."

새미 아빠가 비록 모양은 실패했지만 완성된 망고 아이스 바를 꺼내어 맛을 본다.

"맛은 있어! 새미야~ 모양은 좀 그렇지만 먹어 보렴."
"오~ 시원하고 맛있어요!"
"어쨌든 맛있는 아이스 바도 먹고, 화학 원리도 공부하고, 오늘 즐거웠다! 그치?"
"맞아요, 아빠. 이렇게 맛있는 것도 먹으면서 화학 지식도 배우니 저절로 머리에 쏙쏙 들어와요!"
"하하~ 좋았어! 내일은 그럼 우리 새미가 좋아하는 초콜릿을 만들어 볼까?"
"엇! 초콜릿이요? 흐흐… 울 아빠 최고!"
"흠, 초콜릿 속에도 우리가 아직 모르는 화학 원리가 있을지도 몰라."
"맞아요! 어서 내일이 오면 좋겠어요!"

아이스크림은 물과 기름을 섞은 것?

아이스크림은 아이스 바와 달리 유지방[9]이 많이 들어간 얼음 과자입니다. 물, 설탕, 유지방, 기타 첨가물이 한데 뒤섞여 있습니다. 그런데 이상하지 않나요? 물과 기름은 서로 섞이지 않는데 어떻게 아이스크림에는 마치 하나인 것처럼 잘 섞여 있을까요?

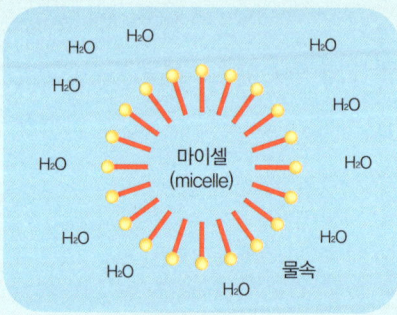

| 유화제의 구조 |

비밀은 바로 유화제[10]입니다. 아이스크림을 만들 때 유화제를 넣으면 됩니다. 유화제가 물과 기름을 섞이게 하는 이유는 위의 그림과 같은 구조를 하고 있기 때문입니다. 즉, 그림에서 성냥개비 같은 모양이 유화제 알갱이인데 이때 노란색 머리 부분은 물과 잘 섞이는 성질이 있고 빨간색 몸통 부분은 기름과 잘 섞이는 성질이 있습니다.

---

9 유지방: 우유에 들어 있는 지방 성분이다.
10 유화제: 물과 기름을 잘 섞이게 하는 물질이다.

3장

달콤한 초콜릿에 스며든 화학

− 왜 초콜릿은 손바닥에서 녹을까?

💬　　나른한 일요일 아침. 새미 아빠가 어제 만든 망고 아이스 바 중 이제 남은 것은 딱 여섯 개다. 엄마 하나, 아빠 두 개, 그리고 새미 몫이 세 개다. 물론 새미는 아침에 일어나자마자 망고 아이스 바 세 개를 그 자리에서 순식간에 다 먹었지만 아직 부족한 느낌인지 냉장고 문을 열었다 닫았다 한다.

"어머! 얘 봐? 아이스 바를 세 개씩이나 먹고 또 냉장고 문을 열어?"

엄마가 일단 새미를 말리려고 나섰다. 하지만 새미는 사뭇 진지한 표정으로 엄마에게 말한다.

"어머니. 이것은 꼬맹이들 먹는 크기라 시중에 파는 아이스 바 한 개보다 못합니다."

새미의 표정이 귀여워 엄마가 백기를 들었다. 소파와 한 몸이 된 새미 아빠를 쳐다보며 엄마가 말한다.

"당신! 오늘 새미랑 초콜릿 만들기로 하지 않았나요?"

꾸벅 졸고 있던 아빠가 화들짝 놀란다.

"으응? 난 이따 늦은 오후에나 만들려고 했지…."
"하지만 우리 새미가 지.금. 먹고 싶다면요?"

아빠는 나른한 표정으로 머리를 긁적이기만 한다.

"혹시 새 낚싯대를 더 일찍 만나고 싶진 않나요?"

새미 엄마의 말에 아빠의 눈이 반짝인다. 그러고는 얼른 주방으로 걸어가 냉장고 속 수제 초콜릿 키트를 끄집어낸다. 카카오분말, 생크림, 커버추어 초콜릿 등으로 이루어진 구성품에 새미가 호기심 가득한 표정으로 바라본다.

"와, 초콜릿을 사 먹기만 했지, 집에서 만들 줄이야! 역시 울 아빠가 최고라니까요."

그런데 아빠가 사용 설명서를 만지작거리며 말한다.

"아하하. 근데 사실 아빠가… 초콜릿 만드는 거 이번이 처음이야."
"네에?"

아빠의 고백에 잠시 당황했지만 그것도 잠시, 새미는 화학캠 케미를 떠올렸다.

"그럼~ 케미에게 초콜릿이 어떻게 만들어지는지 물어봐요!"
"오, 그게 좋겠구나!"

새미가 화학캠 속 카메라를 초콜릿 재료에 갖다 대며 말한다.

"케미야~! 초콜릿이 만들어지는 원리 좀 알려 줘~!"

케미가 징징 소리를 내며 작동한다.

 "삐빅― 관련 내용을 검색합니다."

초콜릿이 만들어지는 과정: 혼합물의 분리

초콜릿은 카카오나무의 열매인 카카오콩으로 만듭니다. 먼저 발효시킨 카카오콩을 볶아서 잘게 부순 후 가열하면 걸쭉한 카카오매스가 됩니다. 이 카카오매스를 다시 압착[11]하여 카카오버터를 추출해 내고 남은 물질을 가루로 만드는데 이것이 카카오분말(또는 코코아라고 함)입니다. 여기서 추출이란 혼합물의 분리 방법 중 하나로 혼합물 속에서 어떤 특정 성분만을 분리해내는 것을 말합니다. 카카오매스는 기름 성분인 카카오버터와 나머지 성분의 혼합물로 이루어져 있습니다. 이 혼합물을 가열하면 고체 상태의 카카오버터가 녹으면서 액체로 변하지만 나머지 성분들은 고체 상태로 남아 있기에 분리하기 쉬운 상태로 됩니다. 이때 카카오매스를 고압으로 압착해 주면 액체 카카오버터가 흘러나와 분리할 수 있습니다.

카카오매스(고체 상태 카카오 성분과 카카오버터의 혼합물) —압착, 추출→
고체 상태 카카오 성분 + 액체 상태 카카오버터

이렇게 추출한 액체 카카오버터는 상온에서 다시 고체 상태로 변합니다. 고체 카카오버터가 녹아서 액체 상태로 되는 온도를 녹는점[12]이라 하는데 카카오버터의 경우 녹는점이 대개 28~36℃로 체온과 비슷합니다. 초콜릿은 카카오분말과 카카오버터의 혼합물로 만드는데 이때 카카오버터의 성질 때문에 초콜릿을 손에 쥐면 체온에 녹아 흐르게 되는 것입니다.

이제 카카오버터를 분리한 나머지 성분을 고운 가루로 분쇄[13]한 것이 바로 카카오분말입니다. 보통 마트에 가면 코코아라는 게 있는데 이것은 카카오분말의 또 다른 이름입니다.

이렇게 가공한 카카오버터와 카카오분말이 초콜릿을 만드는 주재료가 됩니다. 이 카카오분말에 카카오버터, 우유, 설탕, 유화제 등을 적당량 섞고 가공하면 초콜릿이 완성되는 것입니다.

```
          압착, 추출            가열, 추출, 가루 분쇄
카카오콩 ----------▶ 카카오매스 -------------▶ 카카오버터+카카오분말(코코아)
카카오버터+카카오분말+설탕+우유+유화제 -------------▶ 초콜릿
```

초콜릿이 진한 갈색을 띠는 것은 카카오매스의 색 때문이며, 부드러운 맛은 카카오버터가 섞이기 때문입니다. 재미있는 것은 카카오버터의 색이 여느 다른 버터처럼 흰색이라는 사실입니다. 결국 초콜릿을 손에 쥐었을 때 쉽게 녹는 이유는 초콜릿의 원료가 되는 카카오버터의 성질 때문입니다.

---

11 압착: 눌러서 짜내는 것
12 녹는점: 고체에서 액체로 상태가 변하는 온도
13 분쇄: 가루처럼 잘게 부수다.

"흠, 이제 초콜릿 만드는 방법은 이해가 되네. 그런데 내가 사온 재료 중 커버추어 초콜릿은 뭘까?"

아빠가 화학캠 케미에게 물어본다.

"케미, 왜 수제 초콜릿 만들 때 커버추어 초콜릿이 필요하지?"

그러자 화학캠 케미는 다음과 같이 대답한다.

> "초콜릿을 만드는 과정에서 가장 어려운 것이 콘칭[14]과 템프링[15]이란 공정입니다. 우리가 맛있게 먹는 초콜릿은 아주 부드럽고 조직이 일정하며 또 윤기가 흐릅니다. 이런 상태의 초콜릿을 만들기 위해서는 콘칭과 템프링 공정이 꼭 필요합니다. 하지만 전문가가 아닌 이상 가정에서 하기엔 어렵기 때문에 수제 초콜릿을 만들 때는 콘칭을 거친, 또는 콘칭과 템프링 공정까지 거친 초콜릿을 구입하여 사용하는 것이 편리합니다. 이러한 초콜릿을 커버추어 초콜릿이라고 합니다."

"아하! 이제 알겠어. 내가 사온 것은 콘칭과 템프링까지 거친 커버추어 초콜릿이군. 그렇다면 이걸 생크림과 섞기만 하면 손쉽게 생초콜릿을 만들 수 있네?"

---

[14] 콘칭: 매우 고운 입자로 만들어 주는 것이다.
[15] 템프링: 온도를 올렸다 내렸다를 반복하는 것이다.

사용 설명서와 케미의 도움으로 아빠가 초콜릿 녹일 준비를 한다. 먼저 생크림을 냄비에 붓고 가열한 다음, 거기에 커버추어 초콜릿을 넣으니 재빠르게 녹기 시작한다. 새미는 그런 아빠의 모습을 초롱초롱한 눈으로 응원한다.

"분명 엄청나게 맛있는 초콜릿이 될 것 같아요!"
"그…그러냐?"

얼마 후 걸쭉한 액체 상태의 초콜릿으로 변하자 아빠가 모양 틀 속에 조심히 붓는다. 그런 다음 냉동실 평평한 곳에 올려 둔 채 굳어지기를 기다렸다. 굳어진 초콜릿 위에 카카오분말을 뿌리니 정

말 카페에서 파는 생초콜릿의 모습이다. 아빠가 완성된 생초콜릿 한 조각을 새미의 입에 넣어 준다.

"아빠! 초콜릿이 그냥 입에서 사르르~ 녹네요. 너무 부드럽고 달콤하고… 제가 먹은 초콜릿 중 최고예요!"

아빠는 뿌듯한 표정으로 새미를 지켜본다. 문득 새미는 손에 묻은 초콜릿을 보며 고체에서 액체로 이어지는 초콜릿의 상태 변화가 신기하다고 생각했다. 그래서 케미에게 묻자 곧바로 케미가 반응하며 작동한다.

"삐빅- 관련 내용을 검색합니다."

고체와 액체를 오가는 초콜릿의 변신

딱딱한 초콜릿이 입안으로 들어와 사르르 녹는 것은 입안의 열에 의해 쉽게 녹기 때문입니다. 이처럼 초콜릿은 잘 녹기도 하고 또 조금만 찬 곳에 두면 금방 딱딱해지는 성질이 있습니다. 열에 쉽게 녹고 다시 잘 굳는 초콜릿의 성질에는 재밌는 과학 원리가 숨어 있습니다.

호텔이나 결혼식 뷔페에 가면 액체 초콜릿 분수나 온갖 아름다운 초콜릿 케이크를 볼 수 있습니다. 초콜릿이 다양한 변신을 할 수 있는 것은 고체와 액체의 성질이 빚어내는 과학 원리 덕분입니다.

고체가 딱딱하게 굳는 성질은 다음 그림과 같이 고체를 이루는 입자들의 배열이 일정하게 규칙적이어서 다른 자리로 이동할 수 없기 때문입니다. 반면 액체가 흐르는 성질은 액체를 이루는 입자들의 배열이 무질서해서 마음대로 움직일 수 있기 때문입니다. 고체 초콜릿을 녹이면 마치 군대의 행렬처럼 규

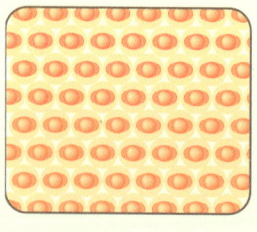
고체 입자의 배열

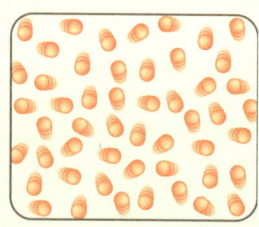
액자 입자의 배열

칙적이던 초콜릿 분자들의 배열이 무질서하게 변하면서 흐르는 성질을 가진 액체 초콜릿으로 변합니다. 반대로 액체 초콜릿의 온도가 낮아지면 무질서하던 액체 초콜릿 분자들의 배열이 다시 규칙적으로 변하면서 딱딱한 모양의 고체 초콜릿으로 변합니다.

초콜릿의 경우, 카카오버터의 녹는점 28~36℃ 때문에 손에 조금만 쥐고 있어도 녹아내립니다. 마찬가지로 고체 초콜릿이 입 안으로 들어가는 순간 액체 초콜릿으로 변하니 사르르 녹는 초콜릿 맛을 즐길 수 있습니다.

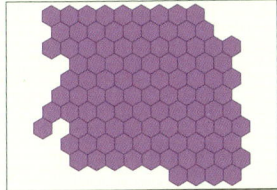
고체 초콜릿 분자 배열

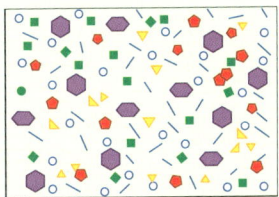
액체 초콜릿 분자 배열

 "초콜릿은 언제나 옳아요!"

새미는 초콜릿의 상태 변화를 생각하며 다시 한 번 고체 초콜릿을 입에 넣는다. 이내 초콜릿은 사르르 녹는다.

옆에서 흐뭇하게 지켜보던 엄마가 문득 생각난 게 있는지 걱정스런 표정으로 말한다.

"새미야, 그런데 요즘 뉴스 보니까 카카오버터 가격이 비싸서 가짜 카카오버터를 섞은 초콜릿들이 유통된대."
"헉! 정말요?"

아빠는 황급히 자신이 사온 커버추어 초콜릿의 성분을 살펴본 뒤 말한다.

"휴, 이건 카카오버터의 함유량이 40%로 되어 있네!"
"어머, 이 기사 속 초콜릿 성분 좀 봐요."

엄마는 휴대폰으로 시중에 파는 초콜릿 성분표가 정리된 기사를 보여 준다. 그런데 성분표 중에 카카오버터 대신 팜유[16]라는 글자가 적혀 있다.

"이런. 이건 가격이 싼 팜유를 사용했군."
"아빠~ 팜유와 카카오버터 가격이 얼마나 차이 나는데요?"
"음, 검색해 보니 무려 4~5배 차이가 난다는구나."
"우와. 그 정도면 카카오버터 대신 팜유를 쓰겠네요."

---

16 팜유: 기름야자라는 열매를 짜서 얻는 기름

새미의 입은 질문하느라, 초콜릿 먹느라 쉴 새가 없다.

"그런데 화이트 초콜릿은 뭐예요? 어떻게 초콜릿 색깔이 하얗게 되나요?"

"호오? 그러고 보니 궁금하네! 그럼 케미한테 물어볼까?"

"케미! 화이트 초콜릿은 어떻게 만들어지는 거야?"

 "삐빅- 관련 내용을 검색합니다."

화이트 초콜릿의 원리

초콜릿의 원료가 되는 카카오매스의 색깔은 진한 갈색입니다. 여기에 우유와 설탕을 섞으면 밀크 초콜릿, 카카오매스의 함량을 최대로 높이고 우유와 설탕의 함량을 크게 줄이면 다크 초콜릿카카오매스 45% 이상, 분유 5% 이하이 됩니다.

화이트 초콜릿은 카카오분말이 들어 있지 않은 초콜릿을 말합니다. 카카오분말을 뺀 카카오버터의 풍미도 아주 뛰어나기 때문에 카카오버터와 설탕, 우유만을 섞어 탄생한 초콜릿이 바로 화이트 초콜릿입니다. 그러나 몇몇 사람들은 카카오의 주성분이 들어 있지 않으므로 초콜릿이라 불러서는 안 된다고 말합니다.

💬 "아하! 화이트 초콜릿에 그런 비밀이 있었네요!"

그때 엄마가 아빠에게 조심스럽게 말을 건다.

"당신 그거 알아요? 카카오매스에서 카카오버터가 완전히 분리된 100% 코코아도 있대요. 미세먼지 배출에도 효과가 있다던데… 아, 난 요즘 다이어트 중이라 초콜릿보다는 아무래도…"

엄마가 말끝을 흐리자 새미가 얼른 나서서 아빠에게 말한다.

"엄마 부탁인데~ 구해주실 수 있으시죠? 아빠!"
"훗! 당연하지!"

어느새 외출복으로 갈아입은 아빠가 집을 나선다. 얼마 지나지 않아 아빠는 100% 코코아 제품을 사 갖고 돌아왔다.

"어머, 정말 100% 코코아를 파네요?"
"울 아빠~ 최고!"

새미가 손가락으로 살짝 찍어 먹더니 이내 얼굴을 찌푸린다.

"으~ 써요!"

엄마는 제품 뒷면의 코코아의 성분표를 살펴본다.

"어머. 100% 코코아라고 적혀 있지만 이 안에 12% 정도의 카카오버터도 있네요."
"카카오버터가 12%씩이나?"

아빠가 놀란 표정으로 성분표를 유심히 본다. 그 옆에서 엄마는 마치 예상했다는 말투로 차분히 말한다.

"음~ 아무래도 카카오버터를 분리할 때 카카오매스를 압착해서 분리하다 보니 완전히 분리하기는 힘들 거예요. 그래도 당신이 나를 위해 사왔으니 맛있게 먹을게요. 고마워요!"

아빠는 멋쩍은지 머리를 긁적이며 살포시 웃었다. 그때 새미가 고개를 갸우뚱하며 말한다.

"그런데 카카오매스에서 카카오버터를 좀 더 많이 분리할 수는 없을까요?"

새미의 질문에 엄마가 벙싯 웃으며 대답한다.

"그럼 케미에게 물어볼까?"
"좋아요~ 엄마!"

곧 케미가 징징거리며 작동한다.

 "삐빅- 관련 내용을 검색합니다."

카카오버터를 조금 더 많이 분리하려면?

카카오콩에서 카카오버터를 분리하는 방법은 혼합물에서 특정 성분을 뽑아내는 원리입니다. 카카오매스에서 카카오버터를 분리하는 방법은 고온, 고압, 압착이 있습니다. 하지만 이러한 방법은 카카오버터가 완전히 추출되어 나오지 않습니다. 그래서 조금 더 많이 카카오버터를 분리하고자 한다면 카카오버터만 녹일 수 있는 휘발성 용매[17]를 사용해야 합니다. 카카오버터는 기름 성분이므로 기름 성질을 가진 용매에 잘 녹을 수 있습니다. 따라서 이러한 성질을 가진 용매에 카카오분말을 녹이면 이때 카카오버터만 녹아 나와 분리할 수 있는 것입니다. 구체적 방법을 소개하면 다음과 같습니다.

① 남아 있는 카카오분말에 카카오버터를 잘 녹일 수 있는 용매를 섞어 남아 있는 카카오버터만 녹여 낸다.
② 카카오분말은 용매에 녹지 않으므로 고체 상태로 존재한다.
③ 거름 장치를 사용하여 액체 카카오버터가 녹은 용액을 걸러 내면 나머지 고체 상태인 카카오분말만 남는다.
④ 이제 젖은 카카오분말을 말리면 카카오버터가 더 많이 제거된 카카오분말을 얻을 수 있다.

17 휘발성 용매: 쉽게 증발하는 성질을 가진 용매를 뜻한다.

"이런 방법도 있다니! 역시 케미는 모르는 게 없네요!"
"응. 그런데 카카오버터만 녹일 수 있는 용매가 지금 당장 없는데…."
"호호, 해 달라고 하지 않을 테니 걱정 말아요. 그리고 케미가 알려 준 걸 하려면 시간도 엄청 걸려요."
"휴~ 고마워요."

그런데 새미가 자신의 배꼽 주변을 살살 문지르면서 말한다.

"어라? 배 속에서 지금 신호가 마구 오는데요?"

초콜릿은 몸에 좋을까, 나쁠까?

초콜릿이 몸에 좋다는 의견은 초콜릿에 든 카카오 열매 성분 때문입니다. 암과 노화를 예방하는 항산화물질인 에피카테킨 epicatechin, 탄닌tannin, 폴리페놀polyphenol, 비타민 E뿐만 아니라 성인병과 우리 몸에 이로운 각종 물질들이 잔뜩 들어 있다고 합니다. 최근 연구 결과에서는 현대인들을 괴롭히는 고혈압에도 좋다는 사실이 밝혀지기도 했지요.

하지만 초콜릿에는 그램당 0.7~0.9mg의 카페인이 들어 있어요. 만약 100g짜리 초콜릿 한 개를 먹는다면 70~90mg의 카페인을 섭취하게 되는 것이죠. 이는 성인 기준 하루 카페인 권장량(300mg 이하)에는 못 미치는 수치이지만, 카페인 자체가 중독성, 과민 반응 등이 있는 물질이기에 청소년들이 섭취할 때는 분명 조심해야 하는 부분이 있습니다.

또 우리가 마트에서 사먹는 초콜릿은 과도한 설탕과 여러 화학 첨가물질들이 들어 있습니다. 이 성분들을 너무 많이 섭취할 경우 비만 등 여러 가지 몸에 좋지 않은 영향을 끼칠 수 있습니다.

자! 이제 초콜릿에 대한 여러 정보를 알았으니 이제 초콜릿이 몸에 좋은지 나쁜지에 대한 판단은 여러분의 손에 달렸습니다. 여러분은 맛있고 달콤한 초콜릿이 괜찮다고 생각하나요, 아니면 문제가 있다고 생각하나요?

4장

균이 득실거리는 발효 식품

— 왜 발효 식품을 먹을까?

💬　　급속도로 몰려오는 배 속 신호에 새미가 화장실로 달려간다.

"에고, 새미가 아이스 바에다 초콜릿까지 잔뜩 먹더니 결국…."

새미 걱정에 아빠의 미간은 좀처럼 펴지지 않는다. 몇 분 뒤, 화장실에서 나오는 새미의 얼굴이 핼쑥하다.

"새미야 어때? 좀 괜찮아?"
"네… 아빠. 설사했어요."
"아이고, 우리 새미 얼굴이 반쪽 됐어!"

아빠의 호들갑 속에 엄마는 미리 챙긴 설사약을 새미에게 건네면서 말한다.

"새미야, 장은 민감하니까 당분간 먹는 거 조심해야 해."
"엄마, 그런데 저… 설사를 쫙~ 하고 났더니 배고파요."
"뭐? 하하하!"

시계를 보니 곧 저녁 먹을 시간이다.

"역~시! 우리 새미의 배꼽시계는 정확해! 오늘 저녁 메뉴는 소화에 좋은 걸로 준비해야겠네!"
"음, 청국장 어때요?"

엄마가 청국장을 제안한다. 하지만 아기 입맛의 새미 아빠는 어쩐지 싫은 내색이다.

"아… 청, 청국장은 냄새가 심하고 나중에 환기가 힘든데…?"
"하지만 새미한테는 좋을 거예요. 따뜻한 발효 음식을 먹으면 속이 한층 나아질 테니까요."
"맞아요, 아빠! 며칠 전 급식에서 청국장 먹어 봤는데요~ 제 입맛에도 좋았어요!"
"정 그렇게 말한다면… 어쩔 수 없지! 오늘은 청국장이다!"

아빠가 냉장고를 열더니 깊숙이 넣어 둔 청국장을 꺼낸다. 멸치

육수에 청국장을 푸니 주방 전체에 냄새가 확 퍼진다.

"으악, 뭐야 이 냄새! 청국장이 원래 이런 냄새예요?"
"응. 발효 식품이 다 그렇지 뭐."

아빠는 애써 무덤덤하게 말한다.

"아빠! 근데 발효 식품이 정확히 뭐예요?"
"으응? 지금 아빠가 좀 바쁘니까~ 케미한테 물어볼래?"
"알았어요! 케미야~ 발효 식품이 뭐야?"

새미의 목소리에 케미가 작동하기 시작한다.

"삐빅- 관련 내용을 검색합니다."

발효 식품

청국장은 건강에 좋지만 그 특유의 냄새가 지독한 것으로 유명합니다. 지독한 냄새가 나는 것은 청국장이 발효[18] 식품이기 때문입니다. 우리 몸, 특히 대장에는 수많은 균들이 살고 있습니다. 그중 몸에 좋은 균, 몸에 나쁜 균, 몸에 좋고 나쁨이 없는 균도 있습니다. 발효 식품은 몸에 좋은 균을 번식시켜 먹는 음식입니다. 실제 가정에서 먹는 식품 중 3분의 1이 발효 식품으로, 꽤 많이 차지하고 있습니다. 청국장 말고도 된장, 간장, 식초, 김치 등이 있습니다. 발효 과정을 거치면 식품 본연의 향과 맛이 더 좋아질 뿐만 아니라 오래 보관할 수 있습니다. 특히 발효 식품의 저장성이 우수한 이유는 식품에 좋은 균이 먼저 자리 잡고 있어서 나쁜 균의 침투를 막아 주는 역할을 하기 때문입니다. 만약 식품에 나쁜 균이 들어간다면 그 식품은 곧 썩어 버립니다.

---

18 발효: 음식에 균을 번식시켜 음식물 속 성분을 분해시키는 작용이다.

 케미의 설명에 새미가 고개를 끄덕인다. 하지만 이내 다시 고개를 갸우뚱한다. 이렇게 지독한 냄새를 가진 청국장이 어떻게 몸에 좋다는 건지 잘 와닿질 않는다. 그래서 다시 한 번 케미를 부른다.

"케미! 청국장 같은 발효 식품이 왜 몸에 좋아?"

 "삐빅— 관련 내용을 검색합니다."

발효 식품이 몸에 좋은 이유

삶은 콩을 반죽 내어 더운 방에 띄워 놓으면 콩에 곰팡이 균이 만들어집니다. 이때 곰팡이 균이 많아지면서 냄새가 지독하게 나는 것이지요. 대개 곰팡이는 지독한 냄새를 풍기는 경우가 많습니다. 이런 곰팡이가 득실거리는 청국장이 맛도 좋고, 또 몸에도 좋습니다. 그 이유를 이해하기 앞서 콩으로 청국장을 만드는 과정을 먼저 알아보겠습니다. 콩을 발효시키면 다음 반응식처럼 반응이 일어납니다.

콩의 단백질, 녹말 등의 영양분 —— 누룩곰팡이의 영양분 분해 작용 ——▶

누룩곰팡이 등 유산균 증식 + 잘게 분해된 영양분

누룩곰팡이는 콩 속에 들어 있는 단백질과 녹말 등의 영양분을 '분해'[19]하는 능력이 우수합니다. 그래서 콩의 단백질과 탄수화물을 분해시켜 우리 몸에 소화·흡수되기 좋은 영양분으로 만들어 줍니다. 누룩곰팡이는 콩의 단백질과 반응하여 더 작은 단위인 아미노산으로 분해하는 작용을 합니다.

단백질 + 누룩곰팡이 ──분해──▶ 아미노산 + 아미노산 + 아미노산…

이러한 작용 때문에 청국장은 우리 몸에 좋은 각종 아미노산이 풍부한 것입니다. 또 누룩곰팡이는 콩의 탄수화물을 더 작은 단위인 다당류로 분해시킵니다.

탄수화물 + 누룩곰팡이 ──분해──▶ 다당류 + 다당류 + 다당류…

청국장은 이렇게 큰 덩어리의 영양분이 분해되어 있기 때문에 소화와 흡수에 도움을 주는 음식이 됩니다.
이 과정에서 누룩곰팡이가 번식하여 균이 점점 많아지게 되는데 이러한 균들은 몸에 해롭지 않습니다. 유해한 균인지 아닌지 판단하는 방법은 간단합니다. 균이 우리 몸속에 들어 왔을 때 나쁜 물질을 만들어 내느냐로 판단합니다. 누룩곰팡이는 과학자들의 연구 결과, 몸에 나쁜 물질을 만들어 내지 않는 것으로 밝혀졌습니다. 뿐만 아니라 청국장 발효 과정에서 몸에 좋은 각종 유산균이 만들어진다고 합니다. 따라서 콩보다 청국장으로 먹으면 영양분들이 우리 몸에 더 잘 흡수될 뿐만 아니라 몸속 유산균도 많이 생겨나게 됩니다.
청국장 외에도 된장, 간장, 식초, 김치, 치즈, 요구르트 등 대부분의 발효 식품들은 이와 비슷한 작용을 하게 됩니다.

---

19 분해: 덩어리가 큰 물질이 잘게 나누는 반응이다.

 "헐~ 요구르트도 발효 식품이라니!"
"물론이지."
"오~~ 그럼 요구르트 많이 먹으면 몸에도 좋겠네요!"

새미는 당장 냉장고에서 요구르트를 하나 꺼내 마신다.

"발효 식품 중에서 요구르트가 제일 좋아요."

새미가 하나로 성에 차지 않는다며 또 하나 꺼내 마시려 하자 엄마가 막아선다.

"그만. 아무리 좋은 것도 많이 먹으면 좋지 않아. 그나저나 요구르트가 어떻게 발효 식품인지 궁금하지 않니?"
"어? 그리고 보니 이 요구르트 속에도 균이 득실거린다는 말이잖아요?"
"맞아!"
"와, 믿어지지 않아요! 케미야, 요구르트는 어떻게 만들어져?"

 "삐빅- 관련 내용을 검색합니다."

요구르트가 만들어지는 원리

아래의 그림은 요구르트 속 젖산균_{유산균}을 확대한 모습입니다.

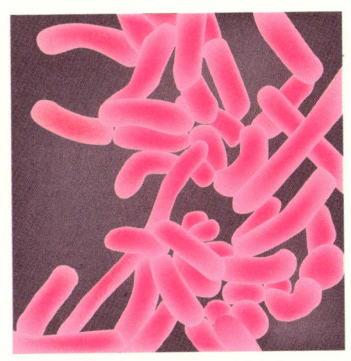

젖산균 중 하나인 '락토바실러스 파라카제이'

그렇다면 젖산균은 어떻게 해서 요구르트를 만들어 낼까요? 요구르트는 우유 속에 젖산균을 넣어 발효시킨 것입니다. 요구르트가 만들어지는 과정을 반응식으로 정리하면 다음과 같습니다.

젖산균(유산균)+우유 속의 유당 ──젖산균의 유당 분해 작용──▶
젖산+젖산+젖산…+더 많은 젖산균 증식

즉, 요구르트는 젖산균이 우유 속에 들어 있는 유당을 분해하여 젖산과 더 많은 젖산균을 만들어 내면서 완성됩니다. 요구르트의 시큼한 맛은 젖산이라는 산성 물질 때문이고, 요구르트가 몸에 좋은 이유는 장에 좋다고 알려진 젖산균이 많이 증식되어 있기 때문입니다. 한편 시중에 파는 요구르트는 달짝지근한 맛을 내는데 이는 설탕과 같은 당분을 첨가했기 때문입니다.

학자들의 연구 결과에 따르면 요구르트 섭취 후 장까지는 좋은 영향을 끼치지 못한다고 합니다. 그 이유는 젖산균이 대부분 위에서 죽기 때문입니다. 즉 위장에서 음식물을 소화시키기 위해 강한 위산을 분비시키는데 이때 젖산균도 대부분 죽게 된다는 것입니다. 그래서 몇 해 전부터 위에서 살아남아 장까지 도달하는 유산균이 들어 있는 요구르트가 출시되고 있습니다. 하지만 전문가 말에 따르면 요구르트 속의 유산균 중 20~30%만 위에서 살아남아 장까지 도달한다고 합니다.

"와! 요구르트에 이런 비밀이 숨어 있는지 몰랐어요."

새미의 말이 끝나자마자 아빠가 사과 식초를 물에 연하게 탄 뒤, 두 사람에게 한 잔씩 건넨다.

"이것 좀 마셔 봐. 시큼한 게 맛있어!"
"아빠~ 식초도 발효 식품 맞죠? 아까 케미가 알려 준 내용에서 식초도 발효 식품이라고 나왔어요!"

"오, 우리 새미~ 기억력도 좋아!"

새미가 눈을 반짝이며 사과 식초 물을 들이켠다.

"음~ 뭘 알고 먹으니 훨씬 맛있는 것 같아요. 몸이 건강해지는 느낌도 좋고요."
"난 무엇보다 우리 새미가 점점 더 많은 것을 알게 되니 좋네!"

그때 엄마가 슬쩍 묻는다.

"그러고 보니 다음 주부터 2학기 중간고사 기간이지?"
"네…."
"수업 진도는 잘 따라가고 있지?"
"하하하, 하하하!"

새미가 멋쩍게 웃으며 자기 방으로 슬쩍 사라지자 아빠가 조용히 말한다.

"에고, 이번 과학 점수는 잘 나와야 될 텐데…."

아빠의 머릿속에 새 낚싯대가 잠시 떠올랐다 이내 사라진다.

균이라고 다 같은 균이 아니다: 부패균

자연에서 얻은 대부분의 식품은 적당한 온도에 놔두면 균이 침투합니다. 이때 몸에 나쁜 균이 침투한 음식을 먹으면 배탈이 납니다. 반대로 몸에 좋은 균이 침투해 발효된 음식을 먹으면 우리 몸에 좋은 영양분이 됩니다. 즉, 음식에 좋은 균이 들어왔는지, 나쁜 균이 들어왔는지는 우리가 그것을 먹었을 때 나타나는 반응으로 알 수 있습니다. 몸에 나쁜 균이 든 음식을 먹었을 때 배가 아픈 것은 이 균들이 몸에 좋지 않은 독소를 뿜기 때문입니다. 이처럼 독소를 내는 균이 음식에 침투했을 때 우리는 부패했다고 말합니다. 즉, 발효와 부패는 모두 균에 의해 음식이 변하는 과정이지만, 이때 몸에 좋은 균이냐, 나쁜 균이냐 하는 작용에 따라 성질이 완전히 달라집니다. 부패 역시 발효와 거의 비슷한 과정을 거치는데요. 발효와 달리 몸에 나쁜 균들이 우리 몸속에 들어와 병을 일으킬 수 있으니 주의해야 합니다.

5장

커피가 물에 녹는 원리

– 왜 아이스커피는 물에 잘 녹을까?

💬　　이제 2학기 중간고사가 코앞이다. 책상에서 새미가 머리를 싸맨 채 공부하고 있지만 눈끼풀이 자꾸만 무거워진다. 그때 엄마가 간식을 책상 위에 내려놓으면서 새미의 어깨를 토닥인다.

"아유, 우리 새미~ 힘들지? 졸리면 지금 자고, 내일 일찍 일어나는 게 어때?"

새미는 엄마를 슬쩍 쳐다보고 눈을 슥 비빈다.

"아니에요, 지금 완전 느낌 왔어요. 당장, 지금, 이 순간에 꼭 끝내고 말 거예요!"

그런데 새미가 뜸들이며 엄마에게 말한다.

"엄마, 그래서 말인데요. 저 커피 딱 한 잔만 마시면 안 되나요?"

엄마의 표정이 금세 굳어졌고 짐짓 엄한 목소리로 말한다.

"어허, 요 녀석이?! 네 나이에 커피는 무슨 커피니?"
"아잉~ 엄마~ 딱 한 잔만 마실게요. 네? 제발요~!"

엄마는 새미의 애원에 마음이 갈팡질팡한다. 이때 열린 문틈으로 새미 아빠가 노크하며 말한다.

"새미야, 따뜻하게 아니면 차갑게?"

"얏호! 역시 아빠가 최고예요! 전 아이스 아메리카노요!"

아빠를 따라 주방으로 냉큼 나간 새미는 아빠가 커피를 만드는 모습을 잠자코 구경하고 있다. 아빠는 커피 가루에 유기농 설탕을 조금 넣은 뒤 뜨거운 물을 살짝 붓고 힘차게 저어 녹인다. 그리고 냉장고에서 찬물을 꺼내 붓고 얼음을 동동 띄워 새미에게 건넨다.

"아빠~ 그런데 아이스커피 만들면서 왜 뜨거운 물을 먼저 부어요?"

"커피 가루가 찬물에는 잘 녹지 않아서 뜨거운 물에 살짝 녹이느라 그랬지."

"아… 전 커피 가루니까 찬물에도 쉽게 잘 녹는 줄 알았어요!"

옆에서 이를 못마땅하게 지켜보던 엄마가 한 가지 제안을 한다.

"이왕 이렇게 된 마당에~ 케미에게 커피 가루가 물에 어떻게 녹는지 물어볼까?"
"안 그래도 궁금했는데~ 좋아요, 엄마!"

새미가 재빨리 앱을 작동시켜 케미를 부른다.

"케미, 커피 가루가 물에 어떻게 녹는 건지 알려 줘~!"

"삐빅- 관련 내용을 검색합니다."

순간 포착 화학캠 케미

커피 가루가 물에 녹는 원리

커피 가루는 물에 녹습니다. 그렇지만 찬물에 커피 가루를 넣으면 좀처럼 잘 녹지 않습니다. 그래서 차가운 커피를 마시고 싶다면, 먼저 적은 양의 뜨거운 물에 커피 가루를 녹인 후 그 위에 찬물과 얼음을 넣으면 됩니다.
화학에서 커피 가루가 물에 녹는다는 말은 다음 그림과 같이 커피 가루용질가 물 분자용매 사이에 고르게 잘 퍼져 나감을 뜻합니다.

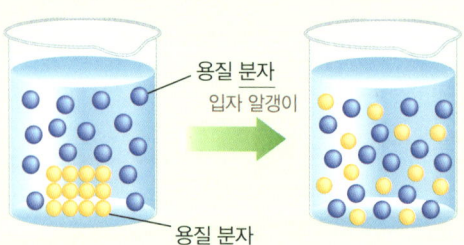

하지만 커피 가루가 설탕이나 소금처럼 물에 아주 잘 녹는 물질은 아니기 때문에 차가운 물에서는 물 분자 사이로 잘 퍼져 나가지 못합니다.

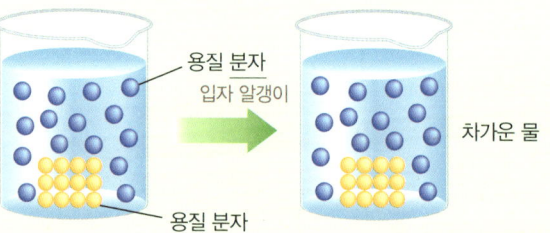

차가운 물에서 잘 녹지 않는 커피도 뜨거운 물을 만나면 물에 잘 녹게 됩니다. 즉, 커피 입자가 물 분자 사이로 잘 퍼져 나갈 수 있게 되는 것입니다. 이러한 차이가 나타나는 이유는 분자 운동의 속도 차이 때문입니다. 즉, 찬물에서는 분자 운동이 활발하지 않아 커피 입자를 잘 녹이지 못합니다. 하지만 뜨거운 물에서는 물 분자의 운동도 활발할 뿐만 아니라 커피 입자의 운동도 활발해지므로 커피 입자가 물 분자 사이로 퍼져 나갈 수 있는 힘이 생기게 됩니다. 또 물 분자의 운동이 활발해지면서 커피 입자가 퍼져 나갈 수 있는 물 분자 사이의 공간도 더 많이 생기게 됩니다. 그래서 뜨거운 물에서 커피 가루가 더 잘 녹습니다.

커피뿐만 아니라 물에 녹는 대부분의 물질은 물의 온도가 낮을 때보다 물의 온도가 높을 때 더 빨리, 또 더 많이 녹는 특성이 있습니다.

💬 이제 커피를 뜨거운 물에 먼저 녹이는 이유를 알게 된 새미가 얼음이 얼마 남지 않은 아이스 아메리카노를 쭉 들이켠다. 이후 다시 방으로 들어온 새미는 다시 교과서를 펼치며 공부에 집중한다. 그렇게 1시간이 지날 무렵, 또다시 새미의 눈꺼풀이 무거워지기 시작한다. 방문을 살짝 연 새미가 주위를 살피며 까치발로 어디론가 간다. 지금 새미의 눈앞에는 아까 보았던 커피 가루가 놓여 있다. 조심스럽게 찬장을 열어 커피 잔을 꺼낸 뒤 커피 가루를 부었다. 하지만 마음이 급해서인지 찬물에 그냥 커피와 설탕을 탔더니 역시나 가루가 물 위에 둥둥 떠 잘 녹지 않는다. 젓가락으로 휘휘 저어도 별 효과가 없다.

'아 진짜. 이를 어쩐담? 아빠한테 도와 달라 말하면 분명 엄마도 아실 텐데…'

그때 새미의 머릿속에 케미가 떠올랐다. 새미가 얼른 다시 방으로 들어가 앱을 실행시킨 뒤 케미에게 물었다.

"케미! 커피 가루가 찬물에 잘 녹지 않을 때 어떻게 해결해?"

 "삐빅- 관련 내용을 검색합니다."

순간 포착 화학캠 케미  80%

커피 가루를 찬물에 잘 녹일 수 있는 방법: 세게 흔들며 섞기

커피 가루는 물에 녹는 물질이지만 용해도가 낮기에 찬물에는 잘 녹지 않습니다. 화학에서는 물에 잘 녹는 정도를 '용해도'로 나타냅니다. 즉, 용해도가 높을수록 물에 잘 녹고 용해도가 낮을수록 물에 잘 녹지 않습니다. 물질 중 설탕과 소금은 용해도가 높지만 커피는 이에 미치지 못합니다.

커피처럼 용해도가 낮은 물질은 찬물에 잘 녹지 않습니다. 그럼에도 찬물에 커피를 녹이려면 커피 입자와 물 분자가 섞이도록 강제로 힘을 주면 됩니다. 다시 말해 커피 입자와 물 분자의 운동이 활발해지도록 강제로 세게 저어 주거나 흔들어

주는 것입니다. 그러면 커피 입자와 물 분자의 운동이 순간적으로 활발해져 커피 입자가 물 분자 사이로 퍼져나가는 현상이 일어납니다. 커피와 찬물을 밀폐된 병에 넣고 세게 흔들어 주는 방법도 있습니다.

 "오! 이렇게 간단한 방법이라니!"

새미는 커피를 텀블러에 옮겨 담아 뚜껑을 닫고서 힘차게 흔든다. 그렇게 여러 차례 흔들어 뚜껑을 여니 정말 커피 가루가 찬물에 꽤 녹았다. 그런데 어째서인지 방 안 공기가 싸늘해진 것 같은 기분이다. 새미는 싸해진 기운에 뒤를 돌아보다가 엄마와 눈이 마주쳤다.

"으힉!"
"너! 그거 뭐야?"
"아, 그게… 사실은요….”

새미가 너무 놀란 나머지 말도 제대로 못하고 있자 엄마의 호통이 떨어진다.

"새미, 너! 엄마가 성장기에 커피 마시는 거 안 좋다고 몇 번 말했니? 어? 아까 좋게 넘어갔더니!"

"잘못했어요."

그때 아빠가 들어와 엄마를 진정시키고는 새미에게 몰래 마시는 건 안 된다며 주의를 준다. 그렇게 마무리가 되고 혼자 남은 새미는 문득 이런 생각이 든다.

'정말 커피가 내 몸에 안 좋은 걸까? 왜?'

혼자 고민해 봤자 소용이 없다는 것을 깨달은 새미는 케미에게 도움을 청한다.

"케미, 정말 커피가 성장기에 안 좋은 건지 알려 줘!"

 "삐빅— 관련 내용을 검색합니다."

커피가 성장기에 미치는 영향

커피가 특히 성장기인 청소년에게 안 좋다고 하는 이유는 카페인 때문입니다. 하지만 카페인이 무조건 몸에 안 좋은 것은 아닙니다. 과학자들의 연구에 따르면 카페인은 느슨해진 몸 전체에 활기를 불어넣어 활력을 되찾고자 하는 사람에게 어느 정도 도움을 주는 것으로 밝혀졌습니다. 두뇌 회전이 빨라지고 근육과 심장을 더 튼튼하게 하는 데 도움을 줄 수 있다는 것입니다. 게다가 카페인은 도파민이라는 호르몬 분비를 촉진시켜 즐거움을 느끼게 해 주는 역할을 합니다. 만약 도파민 호르몬 분비가 잘 되지 않으면 우울증이 올 수도 있습니다.

물론 카페인의 단점도 있습니다. 두뇌와 인체를 활성화시키기 때문에 늦은 오후나 밤에 카페인을 섭취하면 불면에 빠질 수도 있습니다. 특히 카페인에 민감한 사람이라면 저녁 시간 이후의 커피는 피해야 합니다. 게다가 카페인은 인체를 활성화시키면서 미네랄 성분, 특히 칼슘 성분을 뼈에서 뽑아내어 각 기관에 작동하게 만든 다음 몸 밖으로 배출시키기 때문에 과도하게 섭취할 경우 뼈가 약해질 수 있습니다.

이제 카페인이 성장기 어린이나 청소년에게 어떤 영향을 끼칠

지 알아봅시다. 성장기에 잠은 중요합니다. 주로 수면 중에 키가 쑥쑥 자라기 때문입니다. 그런데 카페인 섭취로 수면 시간이 줄거나 수면에 방해를 받는다면 당연히 키 크는 데 문제가 됩니다. 또 뼈의 주성분인 칼슘을 몸 밖으로 배출시키기 때문에 카페인의 잦은 섭취는 성장을 방해할 수 있습니다. 무엇보다 카페인의 가장 큰 문제는 카페인 분해 능력입니다. 어른은 카페인을 섭취해도 분해 능력이 뛰어나 대부분 12시간 정도 지나면 카페인이 거의 없어집니다. 하지만 어린이나 청소년의 경우 카페인 분해 능력이 떨어져 이보다 훨씬 늦게, 심지어 3~4일이 지나야 카페인이 없어지기도 합니다. 이러한 이유로 어린이나 청소년에게 커피가 안 좋다고 하는 것입니다.

물론 시험기간에 한 잔 정도 마시는 커피 때문에 이런 현상들이 금방 오진 않습니다. 다만 한 잔이 두 잔 되고, 두 잔이 계속된 습관으로 이어지면 문제입니다.

 거실에서 새미 아빠와 엄마가 티격태격한다.

"가뜩이나 중간고사 앞두고 힘든 애를 너무 다그친 거 아닌가?"
"그럼 몰래 저렇게 마시는 걸 두고 봐요? 한 잔이 두 잔 되고 두 잔이 세 잔 되는 거 몰라요?!"

커피 가루가 든 통, 커피 잔, 텀블러를 품에 안고서 나온 새미가 그만 발을 헛디뎌 손을 놓치고 만다. 까만 커피 가루가 바닥에 와르르 쏟아진다.

"으앗, 어떡해~~!"

새미가 어쩔 줄 몰라 하는 사이, 엄마가 밀대를 갖고 오며 말한다.

"아이고~ 이 덜렁이 아가씨를 어쩌면 좋을까?"

금세 말끔히 치워진 바닥과 함께 새미 부모님의 티격태격도 멈추었다. 커피 통의 얼마 남지 않은 가루를 보던 새미는 문득 커피가 어떻게 만들어지는지 궁금하다.

"그런데 이 커피는 어떻게 만들어져요?"

아닌 밤중의 홍두깨도 아니고 훅 들어온 새미의 질문에 아빠와 엄마는 서로 누가 대답할지 눈치만 본다. 하지만 누구의 대답도 기다릴 새 없이 새미가 케미에게 질문한다.

"케미, 커피는 어떻게 만들어지는 거야?"

"삐빅― 관련 내용을 검색합니다."

○○○○● 순간 포착 화학캠 케미　📶 80% 🔋

커피를 만드는 방법: 추출과 용해의 원리

커피는 커피콩 속에 들어 있는 커피 성분을 추출하는 것부터 시작합니다. 화학에서 추출은 어떤 한 성분을 분리해 내는 방법을 뜻합니다. 커피 성분은 물에 녹는 성질, 즉 용해하는 성질이 있습니다. 그래서 커피콩에 물을 더해 커피 성분을 녹여 내어 추출합니다. 그런데 커피콩에서 최대한 많은 커피 성분을 뽑아내려면 커피콩을 분쇄하여 가루로 만든 후 물을 더하면 됩니다. 커피콩을 분쇄하여 가루로 내는 이유는 물과 반응할 수 있는 표면적을 늘리기 위함입니다. 어떤 물질의 표면적이 작을 때보다 표면적이 클 때 더 많은 면적으로 물과 반응할 수 있으므로 더 빠르고 잘 녹게 됩니다.

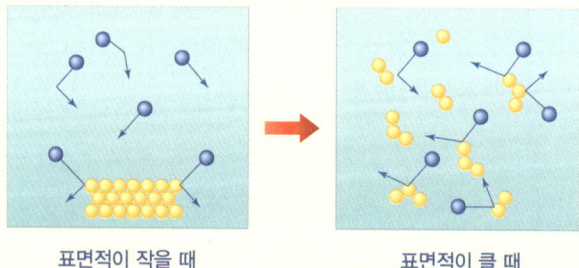

표면적이 작을 때　　　　표면적이 클 때

이렇게 추출한 커피 용액은 가공 과정을 거쳐 물을 증발시키고 나면 커피 성분만 남습니다. 이것이 바로 '인스턴트커피'입니다. 즉, 커피콩에서 인스턴트커피를 만들기 위해서는 추출과 용해라는 화학적 원리가 이용됩니다.

'드립 커피'처럼 직접 커피를 내려 마시기도 합니다. 커피에 대해 탐구하고 전문적인 지식으로 커피를 내리는 사람을 일컬어 바리스타라고 부릅니다. 직접 뽑아내는 커피는 추출 과정에서 어떤 방법을 사용하느냐에 따라 맛이 결정됩니다. 바리스타는 이 커피 맛과 향을 결정하는 요소로 온도, 추출 시간, 결정의 크기 등을 이야기합니다. 온도가 높을수록 커피콩 속 커피 성분의 움직임도 활발해져 풍부한 향을 가진 커피 성분이 녹아 나옵니다. 시간에 따라 녹아 나오는 커피의 맛과 향이 다르기 때문에 추출 시간도 중요합니다. 처음에는 신맛이, 나중에는 쓴맛이 추출되어 나오므로 기호에 따라 너무 짧지도 길지도 않은 적당한 추출 시간이 필요합니다. 물에 녹는 물질의 표면적이 넓을수록 물질은 더 잘 녹게 됩니다. 굵은 소금보다 고운 소금이 물에 더 잘 녹는 것과 같은 이치입니다. 마찬가지로 커피콩도 고운 가루일수록 커피 성분이, 특히 맛과 향이 뛰어난 커피 성분이 더 잘 녹아 나옵니다. 그래서 커피콩을 가루로 만드는 작업이 중요한 것입니다.

뛰어난 바리스타는 이처럼 커피에 담긴 화학적 성질을 잘 이용하여 맛과 향이 뛰어난 커피를 만들어 냅니다.

💬   "쩝, 야밤에 뜬금없이 드립 커피가 당기네."
"어머, 당신도요? 저도 갑자기 마시고 싶어지네요."

아빠와 엄마의 목소리가 아까보다 한결 부드럽다. 이때 새미가 결심에 찬 목소리로 말한다.

"엄마, 저 시험 끝날 때까지 커피 절대 안 마실래요."
"오 정말? 그럴 자신 있어?"
"물론이죠. 대신 시험 잘 보고 나면 직접 내린 커피 맛 꼭 보여 주세요!"
"아무렴, 그때는 아빠가 직접 커피 한 잔 내려 주마!"

아빠의 말에 엄마도 하는 수 없이 고개를 끄덕인다.

"시험 잘 보면 커피뿐만 아니라 팬케이크도 같이 만들어 줄게!"
"팬케이크요? 오예!"

원두커피와 아메리카노의 차이

과거에는 다방이나 커피숍에서 대부분 인스턴트커피를 팔았지만, 오늘날 우리나라 곳곳에 생긴 카페에서는 아메리카노를 팔고 있습니다. 인스턴트커피와 아메리카노의 차이는 공장에서 대량생산하기 위해 가공을 했느냐 안 했느냐에 달려 있습니다. 인스턴트커피는 그런 가공 과정을 거친 것이고 아메리카노는 카페에서 직접 커피를 추출하여 뽑아낸 것입니다.

그렇다면 카페에서 직접 뽑는 커피를 왜 아메리카노라 부를까요? 사실 아메리카노를 과거에는 원두커피라고 불렀습니다. 직접 뽑은 커피를 원두커피라 하는데요. 아메리카노는 이 원두커피의 한 종류라 말할 수 있지요. 원두커피를 만들어 내기 위해서는 반드시 커피 원두를 가는 기계가 필요해요. 가정에

| 수동 핸드드립 머신 |

서는 주로 수동으로 돌리는 핸드드립 용품이 사용됩니다. 즉, 이 핸드드립으로 뽑아낸 커피를 아메리카노라 부르기보다 그냥 원두커피 또는 핸드드립커피라 부릅니다. 하지만 카페에서는 자동으로 돌아가는 에스프레소 머신을 사용합니다. 에스프레소 머신이란 커피콩을 갈고 원두커피까지 추출해 내는 자동기계라 생각하면 됩니다. 이 에스프레소 머신에서 뽑아낸 커피를 우리는 '아메리카노'라 부릅니다.

아메리카노 말고 에스프레소, 카페라테, 카푸치노 등에 대해서도 알아보면, 먼저 에스프레소 머신에 커피콩을 넣고 추출한 커피 원액을 에스프레소라 합니다. 이 에스프레소에 물을 타면 아메리카노, 초콜릿과 우유를 넣으면 카페모카, 우유 거품을 얹으면 카푸치노, 우유와 우유 거품을 얹으면 카페라테가 되는 것입니다.

| 에스프레소 머신 |

6장

팬케이크를 더욱 맛있게 만들어 주는 화학

– 왜 팬케이크는 부풀어 오를까?

💬　　새미의 성적표를 훑어보던 엄마가 과학 점수 칸에 손가락을 짚으며 말했다.

"55점!"

옆에서 함께 성적표를 보던 아빠도 약간 실망한 눈치지만 애써 밝게 말한다.

"시작이 반이지! 이제 더 올라갈 일만 남았어! 아빠는 새미를 믿어!"
"55점… 그래요. 1학기보다 높은 점수인 건 맞아요."
"네! 저 무려 25점이나 올랐단 말이에요."
"그래. 새미가 케미를 통해 화학뿐만 아니라 과학에 조금씩 흥미를 가지는 것 같아서 엄마도 케미를 만든 보람을 느껴."
"엄마, 다음 시험 때 기대해 주세요!"

"훗, 알았어~!"

그때 새미가 출출하다며 간식을 만들어 달라고 하자 아빠는 불현듯 저번의 약속이 생각났다.

"시험을 엄청 잘 본 것은 아니지만 오늘 간식으로 팬케이크 어떠냐?"
"아빠, 완~전 좋아요!"

아빠는 곧바로 주방으로 가 팬케이크를 만들기 시작한다. 팬케이크 가루에 달걀을 풀고 물을 섞어 걸쭉한 반죽으로 만든 뒤 마치 전을 부치듯 프라이팬에 반죽을 부어 굽는다. 그리고 약한 불에 설탕을 녹인 뒤 팬케이크 위에 뿌린다. 프라이팬에서 팬케이크가 익으며 부풀어 오를 무렵, 아빠가 새미에게 질문을 하나 던진다.

"새미야, 이것 보렴. 왜 팬케이크가 부풀어 오를까?"

새미가 팬케이크를 유심히 살펴보며 말한다.

"정말 반죽보다 크게 부풀어 올랐네요. 뭘 넣었기에 부풀어 오르죠?"

"이럴 때 케미 찬스를 써야지 안 그래?"

"앗, 맞아요! 케미야~! 팬케이크가 왜 부풀어 오르는지 알려 줘~!"

 "삐빅— 관련 내용을 검색합니다."

순간 포착 화학캠 케미

팬케이크가 부풀어 오르는 이유

빵을 자세히 살펴보면 공기구멍이 송송 뚫려 있는 걸 볼 수 있습니다. 이는 빵이 구워지면서 부풀어 올랐기 때문에 일어나는 현상입니다. 그렇다면 빵에 무엇을 넣었기에 부풀어 오르는 것일까요? 밀가루 반죽을 그냥 상온에 두면 이스트라는 효모균에 의해 발효가 일어납니다. 즉 이스트균이 호흡할 때 내놓는 이산화탄소로 인해 빵은 부풀어 오릅니다. 하지만 이런 발효 빵을 만들려면 시간이 많이 걸리므로 최근에는 밀가루 반죽에 효모를 넣어 시간을 단축시키기도 합니다. 만약 당장 빵을 부풀어 오르게 하고 싶다면 어떻게 해야 할까요? 바로 베이킹파우더를 사용하면 됩니다. 달고나를 만들 때 설탕을 녹인 후 이 베이킹파우더를 조금 넣으면 갑자기 막 부풀어 오릅니다. 밀가루 반죽에 넣는 베이킹파우더도 이와 비슷한 작용을 하여 빵을 부풀어 오르게 합니다.

그렇다면 베이킹파우더는 어떤 작용을 하기에 빵을 부풀어 오르게 하는 것일까요? 화학에서 사용하는 베이킹파우더의 이름은 탄산수소나트륨으로 이를 70℃ 이상 가열하면 다음 반응식과 같은 분해 반응이 일어납니다.

$$2NaHCO_3(탄산수소나트륨, 베이킹파우더) \longrightarrow Na_2CO_3(탄산나트륨) + H_2O(물) + CO_2(이산화탄소)$$

이 화학 반응식이 성립하는지 알아보기 위해 반응 전후의 나트륨(Na), 수소(H), 탄소(C), 산소(O)의 개수를 비교해 보면 좌변과 우변의 나트륨(Na) 개수 2개, 수소(Na) 개수 2개, 탄소(Na) 개수 2개, 산소(Na) 개수 6개로 일치하므로 이 반응식은 성립됩니다.

이때 생성물로 탄산나트륨, 물과 함께 이산화탄소 기체가 발생하는 것을 볼 수 있습니다. 이 이산화탄소 기체가 반죽 속에서 빠져나가지 못하면서 빵을 부풀어 오르게 하는 작용을 합니다. 이런 원리로 팬케이크가 부풀어 오릅니다.

💬　"잘 먹겠습니다!"

　새미는 갈색으로 맛있게 구워진 팬케이크와 그 위에 뿌린 설탕 시럽에 시선을 떼지 못한다. 한 입 크게 먹고서는 연신 감탄을 내뱉는다.

　"와, 대박 맛있어요! 이 팬케이크의 겉은 바삭하면서도 속은 아주 부드러워요."

　새미의 칭찬에 아빠가 어깨를 으쓱 올렸다. 그러고는 새미에게 또 질문을 던진다.

　"그런데 새미야, 빵의 표면이 구워지면 왜 갈색으로 변하는 걸까?"
　"헐, 순간 아빠가 엄마인 줄 알았어요."
　"으응? 그건 네 점수 아니 내 낚시대… 아니다…."
　"네?"
　"어, 어쨌든 좀 궁금하지 않냐? 하얗던 반죽이 갈색으로 변하는 게?"
　"음, 그건 맞아요. 지금 당장 케미한테 물어볼게요. 케미야~! 팬케이크 표면이 왜 갈색으로 변해?"

"삐빅- 관련 내용을 검색합니다."

○○○○○ 순간 포착 화학캠 케미 80%

팬케이크의 겉이 갈색인 이유

팬케이크를 구울 때 겉 표면이 갈색으로 변하고 바삭하게 되는 이유를 1912년 프랑스의 의사 겸 화학자 루이 카미유 마이야르Louis Camille Maillard, 1878~1936가 발견해 냈습니다. 그가 최초로 발견했다고 해서 이 반응을 '마이야르 반응'이라고 부릅니다. 마이야르 반응이란 식품을 130~200℃로 가열하면 식품 내의 당과 아미노산[20]이 서로 결합함으로써 갈색 색소인 멜라로이딘과 여러 향기와 맛 분자들을 만들어 내는 반응을 뜻합니다. 이를 반응식으로 나타내면 다음과 같습니다.

당+아미노산 —130~200℃, 수분이 빠짐→ 멜라로이딘(갈색 색소)+여러 향기와 맛을 내는 분자들

마이야르 반응은 위에서 보는 바와 같이 수분물이 빠지는 반응의 형태로 일어납니다. 이 때문에 바삭하게 구워지는 것이며 멜라로이딘 색소 때문에 갈색이 됩니다. 또 이때 여러 가지 향기와 맛을 내는 분자들이 만들어지기 때문에 맛있는 냄새와 맛이 생겨납니다.

실제 마이야르 반응으로 바삭하게 구워진 빵의 맛과 그렇지 않은 빵의 맛을 비교해 보면 마이야르 반응의 결과로 만들어지는 맛과 향이 어떠한지 확연하게 알 수 있습니다. 베이커리

에서 파는 빵의 겉은 갈색이지만 만두집에서 파는 만두나 찐빵은 흰색입니다. 이는 베이커리 빵은 마이야르 반응을 거쳤기에 갈색을 띠는 것이고 만두집에서 파는 빵은 마이야르 반응을 거치지 않았기에 흰색을 띠는 것입니다. 실제 만두집에서 파는 빵은 굽지 않고 물중탕으로 쪄서 만듭니다. 이때의 가열 온도가 100℃를 넘지 못하므로 마이야르 반응이 일어나지 않은 채 익으므로 반죽 본연의 색인 흰색을 그대로 유지하고 있는 것입니다.

하지만 베이커리에서는 고온에서 빵을 굽기 때문에 마이야르 반응이 일어나 갈색으로 변하는 것입니다. 마이야르 반응이 일어나기 위해서는 어느 정도의 가열 온도가 필요한데 가장 적절한 마이야르 반응 가열 온도는 130~200℃입니다.

이러한 마이야르 반응은 당과 아미노산을 함유한 식품이라면 빵이 아니더라도 일어날 수 있습니다. 고기에도 당과 아미노산이 존재하기 때문에 높은 열로 고기를 구우면 겉이 갈색으로 변하면서 바삭하게 구워집니다. 이것 역시 마이야르 반응입니다.

---

20 아미노산: 단백질이 분해하여 만들어지는 물질. 어떤 식품에는 단백질이 분해된 형태인 아미노산으로 존재한다.

"아빠, 저 뭔가 대단한 비밀을 알게 된 것 같아요!"

"화학은 알면 알수록 재밌지!"

새미는 팬케이크를 또 크게 베어 먹으면서 감탄한다.

"음~ 이게 마이야르 반응 때문에 만들어진 맛과 향이라니~!"

그때 엄마가 다가오며 말한다.

"맛있는 건 나눠 먹어야지 둘이서만 먹어요?"

엄마가 팬케이크를 맛보면서 슬쩍 새미를 바라보며 질문을 던진다.

"그런데 저 팬케이크 반죽을 보면 죽처럼 흐르는데 어떻게 익으면서 이렇게 맛있고 쫀득쫀득하게 되었을까?"

새미가 뭔가 골똘히 생각하더니 이내 대답한다.

"그러게요. 대개 얼음이나 초콜릿처럼 딱딱한 것도 가열하면 녹아서 흐르잖아요?"

궁금함을 더 이상 참지 못한 새미가 얼른 케미에게 묻는다.

"케미야~! 팬케이크 반죽을 가열하면 속이 왜 쫀득쫀득한 모양인 거야?"

 "삐빅- 관련 내용을 검색합니다."

흐르는 액체 반죽이 쫀득쫀득한 모양으로 되는 이유

물에 밀가루를 타서 가열하면 얼마 지나지 않아 뭉쳐지면서 끈적끈적한 모양으로 변하는 것을 볼 수 있습니다. 또 도토리묵을 만들 때 도토리 가루를 물에 녹인 후 가열하면 끈적끈적 뭉치면서 모양을 만드는 것을 볼 수 있습니다. 이러한 현상이 나타나는 이유는 밀가루나 도토리 가루에 들어 있는 전분 때문입니다. 전분이 섞인 액체에 열을 가하면 다음 그림과 같은 반응이 일어납니다.

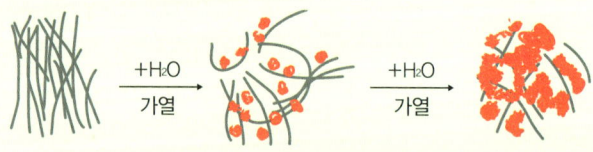

① 처음 전분 구조   ② 일정한 모양이 깨지면서 그 사이로 물이 침투   ③ 물이 많이 침투하여 겔 상태가 된 모습

가열하기 전, 전분의 분자 구조는 마치 그물처럼 촘촘히 섞여

있는 모양으로 이를 '베타 전분'이라 합니다. 반대로 이것을 가열하면 촘촘한 모양의 구조가 깨지게 되는데 이를 '알파 전분'이라 합니다. 이제 이 알파 전분 사이로 물이 스며들어 가면서 흐르는 반죽 상태가 끈적끈적한 풀 모양의 상태로 조금씩 변하게 됩니다. 여기서 물이 많이 들어가게 되면 겔gel, 독일식 발음 모양의 상태로 변하게 되는데 물 상태의 전분이 끈적끈적한 풀 모양으로 변한다고 해서 '호화 반응'[21]이라 부릅니다.

밀가루 반죽은 호화 반응을 통해 모양이 변합니다. 물이 많이 섞인 밀가루 반죽의 호화 반응은 겔 모양의 상태를 만들고, 물이 적게 섞인 밀가루 반죽은 좀 더 부드러운 고체에 가까운 모양으로 변하게 됩니다.

---

[21] 호화 반응: 호화에서 호는 풀 호(糊)에 화는 될 화(化)로 풀처럼 걸쭉해지는 반응이라 해서 호화 반응이라 한다. 주로 녹말가루를 물에 푼 액체를 가열할 때 호화 반응이 일어난다.

케미를 통해 궁금증을 해결한 새미가 의기양양한 미소를 짓는다.

"팬케이크에 이렇게 많은 화학 원리가 있다니! 엄마, 저 화학이 재밌어지려고 해요!"

"어머, 정말?"

"네! 팬케이크 속 화학 원리가 머릿속에 그려져요."

"와! 우리 새미 대단한데?"

"엄마, 아빠 정말… 감사해요."

"응?"

"사실 저 이번 시험 잘 본 것도 아닌데… 믿어 주시고 응원해 주셔서요."

"아이고~ 우리 새미 철들었네."

그때 새미가 손뼉을 치며 말한다.

"아 맞다! 케미를 깜빡했네요! 케미 덕분에 화학뿐만 아니라 과학 자체가 점점 재밌다고 느꼈어요. 케미야~ 정말 고마워!"

팬케이크를 양껏 다 먹고 나니 새미의 입안은 금세 텁텁해진다.

"아빠! 달달한 걸 먹으니 이제 시원한 음료가 당겨요! 집에 음료수 뭐 있어요?"

"냉장고 열어 봐, 전에 탄산음료 사 둔 게 있을 텐데?"

"네~!"

설탕의 분자 운동

팬케이크 위에 뿌리려고 만든 설탕 시럽에도 화학 원리가 숨어 있습니다. 팬케이크는 여러 장 층층이 쌓아 올려 만드는데요. 이때 겹겹마다 발라둔 설탕 시럽이 흘러내리면서 더욱 맛을 돋웁니다.

ⓒ 아이클릭아트

| 설탕 시럽 속 화학 원리 |

고체 설탕은 딱딱한 모양이지만 가열하면 흐르는 액체로 변합니다. 얼음의 녹는점은 0℃이지만 설탕의 녹는점은 160℃로 높습니다. 그렇다면 왜 가열하면 설탕이 녹는 것일까요? 그 이유는 바로 분자 운동 때문입니다. 고체 설탕은 마치 군대의 행렬처럼 규칙적인 분자 배열 구조로 되어 있습니다. 이 상태에

서 각 분자들은 제자리에서 진동 운동만 할 수 있고, 다른 위치로 이동할 수는 없습니다. 하지만 열에너지가 더해지면서 각 분자들의 운동이 더욱 활발해지게 됩니다. 급기야 온도가 160℃에 이르면 제자리를 지키던 분자들이 자기 위치에서 벗어나는 현상이 일어납니다. 이 지점이 바로 설탕의 녹는점이며, 이제 설탕 분자들은 자신의 위치를 바꾸며 활발하게 운동합니다.

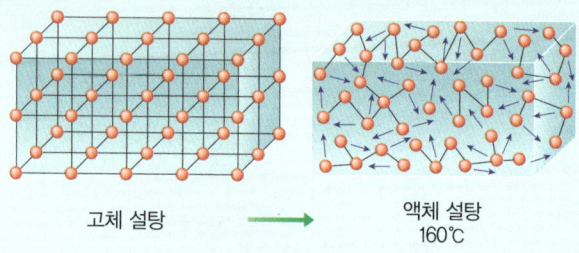

고체 설탕 → 액체 설탕 160℃

규칙적으로 빽빽한 분자 배열을 이루고 있었던 고체 설탕은 각각의 분자들이 무질서하게 움직이는 액체 설탕으로 바뀝니다. 이 때문에 액체는 고체와 달리 흐르는 성질을 가질 수 있게 됩니다.

7장

느끼함을 없애 주는 탄산음료 속 화학

— 왜 탄산음료는 톡 쏠까?

💬　　새미가 냉장고에서 탄산음료를 꺼내 벌컥 들이켠다.

"캬~! 역시 탄산음료가 최고야."

금세 탄산음료 한 캔을 비운 새미가 또 캔을 따자 아빠가 슥 가져가면서 말한다.

"한 캔이면 됐지~ 너무 많이 마시지 마. 몸에 안 좋아."

캔을 빼앗긴 새미가 곧장 아빠에게 다가가 묻는다.

"아빠, 왜 탄산음료가 몸에 안 좋아요? 이렇게 톡 쏘고 맛난 음료수가 왜요?"

"일단 탄산음료는 치아에 안 좋아. 충치가 잘 생기지. 게다가 설

탕이 많이 들어 있어서 쉽게 살쪄."

살찐다는 말에 새미가 멈칫한다. 이내 다시 아빠에게 반박할 말이 떠올랐다.

"하지만 제 친구 중에 탄산음료를 입에 달고 사는 애가 있는데요. 걘 치아도 괜찮고 엄청 날씬해요!"
"물론, 탄산음료 좀 마신다고 해서 당장 크게 달라지는 건 아니지. 그러나 몸이 점점 나빠진단다."

이때 엄마가 다가와 아빠 말이 안 믿긴다면 케미에게 물어보라고 넌지시 말한다.

"그럼 지금 케미한테 물어보는 건 어때?"

"좋아요! 케미야~! 탄산음료는 정말로 치아에 안 좋아?"

케미가 징징 소리를 내며 작동한다.

 "삐빅- 관련 내용을 검색합니다."

탄산음료와 치아의 상관관계

탄산음료란 기존의 음료에 이산화탄소를 녹인 음료를 말합니다. 물에 이산화탄소를 녹이면 다음 화학 반응식과 같은 반응이 일어나게 됩니다.

$$물(H_2O) + 이산화탄소(CO_2) \xrightarrow{물에 녹임} 탄산(H_2CO_3)$$

이 반응에서 좌변의 수소(H) 개수의 합이 2개, 산소(O) 개수의 합이 3개, 탄소 개수가 1개이고, 우변의 수소(H) 개수의 합이 2개, 산소(O) 개수의 합이 3개, 탄소 개수가 1개이므로 이 반응식은 성립됩니다. 즉, 물에 이산화탄소를 녹이면 탄산이라는 새로운 물질이 생성됨을 알 수 있습니다. 그래서 탄산음료라 부르는 것입니다. 이때 만들어지는 탄산은 염산이나 황산처럼 강한 산이 아닌 약한 산에 속합니다. 하지만 약한 산이라고 해서 무시해서는 안 됩니다.

모든 산은 물에 녹았을 때 수소 이온(H^+)을 내는 성질이 있습니다. 이 수소 이온의 반응성이 매우 높아 금속과 만나면 금속을 녹이면서 수소 기체를 발생시킵니다. 마찬가지로 달걀 껍데기와 같은 칼슘 성분도 녹이면서 수소 기체를 발생시킵니다.

그런데 치아의 주성분 역시 칼슘입니다. 따라서 산과 치아가 만나면 치아 역시 수소 기체를 발생시키게 됩니다. 그래서 탄산음료를 마실 때 가장 먼저 만나는 뼈 부분인 치아를 상하게 할 수가 있습니다.

단, 치아는 겉 표면이 법랑질에나멜22이라는 부분으로 둘러싸여 보호되고 있습니다. 따라서 한두 번 탄산음료를 마셨다고 해서 곧바로 치아가 부식되는 일은 일어나지 않습니다. 하지만 계속해서 탄산음료를 마실 경우 법랑질까지 파괴되어 치아가 부식될 수 있으니 조심해야 합니다.

22 법랑질: 이의 겉을 둘러싸서 보호하고 있는 단단한 물질이다.

 "거봐. 아빠 말이 맞지?"

"네. 그런데 어쩌죠? 저는 빵이나 피자 먹을 때 꼭 탄산음료가 당겨요."

아빠가 새미의 말에 고개를 끄덕인다.

"맞아. 아빠도 그래. 패스트푸드를 즐겨 먹는 사람이라면 탄산음료 없이는 힘들지."

그때 새미 머릿속에 뭔가 떠올랐는지 케미에게 곧장 질문한다.

"케미~! 탄산음료를 마시고도 치아가 괜찮으려면 어떻게 해야 해?"

 "삐빅- 관련 내용을 검색합니다."

탄산음료를 마신 후 치아 부식 대처법

탄산음료를 마시면 탄산이 치아의 법랑질을 약간 녹여 일시적으로 무른 상태가 됩니다. 이때 바로 칫솔로 치아를 세게 문지르면 치아의 법랑질이 벗겨져 나갈 위험이 생깁니다. 따라서 탄산음료를 마신 후 곧바로 양치질을 하는 것은 오히려 위험할 수 있으니 주의해야 합니다.

그렇다면 어떻게 해야 탄산음료를 마신 후에도 치아를 보호할 수 있을까요? 먼저, 탄산음료를 마신 후 재빨리 물로 입안을 헹구는 것이 좋습니다. 그러면 법랑질에 붙은 탄산이 어느 정도 씻겨 나가 법랑질의 피해를 최소화할 수 있습니다. 그리고 탄산음료를 마신 지 30분에서 1시간 정도 흐른 후 양치질

을 하면 좋습니다. 왜냐하면 이 시간이 되면 침에서 치아 보호 물질이 분비되어 물러진 법랑질이 회복되어 다시 단단해지기 때문입니다. 이때 양치질을 하면 치아를 보호하면서도 깨끗하게 닦을 수 있습니다. 또 치아가 부식되는 것을 방지할 수 있습니다.

"아, 탄산음료로부터 치아를 보호하는 게 간단하지는 않네요. 엄마! 하지만 저 이렇게라도 할 테니 탄산음료 당장 끊으라는 말은 마세요!"

"에휴, 알았어! 끊으라고 하면 네가 끊겠니? 그런데 좀 줄이긴 해야 해. 한창 자랄 시기인데 키 안 크면 어쩔래?"

엄마의 말에 새미가 화들짝 놀란다.

"으아, 정말요? 키 안 큰대요?!"
"더 알고 싶다면 케미한테 물어보렴~!"
"케, 케미~! 정말 탄산음료가 키 크는 데 안 좋아?"

"삐빅- 관련 내용을 검색합니다."

탄산음료와 청소년 성장의 상관관계

탄산음료는 치아뿐만 아니라 인체의 뼈에도 안 좋은 영향을 줍니다. 특히 청소년기 성장을 방해한다는 연구도 있습니다. 그렇다면 탄산음료의 탄산이 치아를 부식시키는 것처럼 몸속에 들어가 뼈를 부식시킬까요? 미국 크레이튼 대학교 로버트 헤니 박사의 연구에 따르면 커다란 영향을 주지 않는 것으로 밝혀졌습니다. 하지만 탄산음료가 뼈에 영향을 주는 것은 탄산이 아닌 다른 성분 때문인 것으로 밝혀졌습니다. 이를 이해하기 위해 탄산음료의 주성분을 다시 알아볼 필요가 있습니다. 탄산음료는 물, 액상 과당, 색소, 카페인, 향료, 인산, 탄산 등으로 이뤄져 있습니다. 그중 우리 몸의 뼈에 영향을 주는 성분은 카페인과 인산 등이 있습니다. 먼저, 과다한 카페인은 몸에서 배출될 때 혈액 속의 칼슘 성분과 함께 빠져 나갑니다. 따라서 탄산음료 속 카페인을 조심해야 합니다. 특히 카페인은 중독성이 있어 계속 맛보면 끊는 게 쉽지 않습니다. 탄산음료 한 캔에는 대략 40mg의 카페인이 들어 있는데 이는 청소년 하루 권장량보단 적은 양이므로 한 캔 정도의 카페인이라면 크게 걱정하지 않아도 됩니다. 참고로 카페인 하루 권장량은 성인 400mg, 임산부는 300mg, 어린이와 청소년은 체중 1kg당 2.5mg입니다. 청소년의 체중이 40kg이라 했을 때 100mg이 되는 셈이죠. 청소년의 카페인 하루 권장량이 적은 것은 청소년이 성인에 비해 카페인 해독 능력이 떨어지기 때문입니다.

탄산음료가 뼈에 영향을 주는 것은 사실 카페인보다 인산이 더 크게 작용합니다. 인산의 경우 다음과 같이 칼슘과 반응하여 인산칼슘을 만드는 성질이 있습니다.

칼슘 + 인산 ──────────▶ 인산칼슘

적당량의 인산은 문제가 없겠지만 우리 몸속에 과도하게 남은 인산은 뼈나 혈액 속의 칼슘과 반응하여 칼슘을 배출시키는 작용을 합니다. 따라서 탄산음료 속의 인산은 청소년들이 정말 조심해야 할 부분입니다. 특히 인산은 철분, 아연 등과도 반응하여 몸 밖으로 배출시킵니다. 몸속에서 칼슘, 철분, 아연 등이 빠져나가면 사람의 신경은 예민해지고, 공격적으로 변할 수 있습니다. 그래서 탄산음료 속의 카페인, 인산 등으로 청소년들의 뼈 성장을 방해하니 탄산음료의 과도한 섭취는 주의해야 합니다.

 "엄마는~ 우리 새미의 키가 덜 자라는 건 싫은데?"

엄마의 말에 새미도 약간 걱정은 되었는지 고개를 푹 숙인다. 그리고 비장한 목소리로 말한다.

"앞으론 탄산음료를 최대한 마시지 않도록 노력할래요."

새미의 빠른 결심에 옆에 있던 아빠가 놀란다.

"흠, 그렇다면 이 아빠도 동참해 줘야지!"
"헐, 아빠까지 그럴 필요는 없어요, 아빤 이미… 아니에요! 같이 노력해 봐요~ 아빠!"

그때 새미가 아빠에게 뺏긴 탄산음료를 물끄러미 바라본다.

"아빠, 그럼 마지막으로 딱 한 모금만 마시고, 더 이상 마시지 않을게요."

아빠는 하는 수 없이 새미에게 건넸고, 새미는 얼른 들이켰다.

"으, 맛이 왜 이래요? 톡 쏘는 맛이 없어졌어요!"
"하하, 김 빠졌구나? 탄산음료에 톡 쏘는 맛이 없음 섭섭하지!"

문득, 새미는 탄산음료의 톡 쏘는 맛이 어떻게 생기는지 궁금해 케미에게 묻기로 한다.

"케미~! 탄산음료의 톡 쏘는 맛은 어떤 원리야?"

"삐빅- 관련 내용을 검색합니다."

탄산음료의 톡 쏘는 맛의 비밀

탄산음료란 물에 이산화탄소 기체를 녹인 음료입니다. 이산화탄소가 물에 녹으면 탄산이 되는데 이것을 마실 때 탄산이 입안에 자극을 줘 톡 쏘는 느낌이 나는 것입니다.

사실 이산화탄소는 물에 잘 녹지 않는 기체입니다. 그런데 강제적인 힘으로 녹여 만든 것이 탄산음료입니다. 이 차가운 탄산음료가 입안에 들어와 따뜻한 몸속으로 들어갑니다. 이런 환경에서 물에 잘 녹지 않는 이산화탄소 기체가 계속 녹아 있을 수는 없습니다. 그래서 다시 물 밖으로 나와 이산화탄소 기체로 변합니다. 이 이산화탄소 기체가 빠져나갈 구멍을 찾다가 입 밖으로 나오면 바로 '트림'이 되는 것입니다.

그렇다면 탄산음료는 어떻게 물에 잘 녹지 않는 이산화탄소 기체를 강제로 녹일 수 있을까요? 이것을 이해하기 위해서는 기체의 용해도에 대해 알아야 합니다. 설탕이나 소금이 물에 녹는 정도를 고체의 용해도라 한다면 산소나 이산화탄소와 같이 기체가 물에 녹는 정도를 기체의 용해도라 합니다.

고체의 용해도는 온도가 높을수록 잘 녹습니다. 하지만 기체의 경우 반대로 온도가 낮을수록 더 잘 녹는 성질이 있습니다. 뿐만 아니라 기체는 압력이 높을수록 더 잘 녹는 성질도 있습니다. 이를 용해도 곡선으로 표현하면 다음과 같습니다.

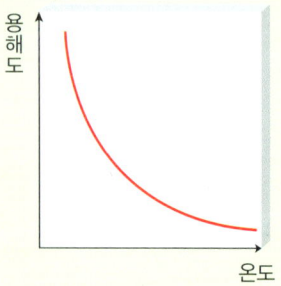 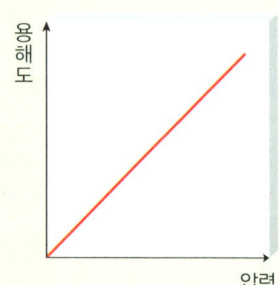

즉, 기체는 온도가 높아질수록 물에 잘 녹지 못하고 압력이 높아질수록 물에 더 잘 녹을 수 있습니다. 이러한 성질을 이용하여 이제 물에 잘 녹지 않는 이산화탄소도 녹일 수 있게 됩니다. 즉, 이산화탄소를 녹이기 위해 기체가 잘 녹을 수 있는 환경인 높은 압력과 낮은 온도를 이용하는 것입니다. 이런 환경에서 이산화탄소를 강제로 녹인 후 고압으로 뚜껑을 막아 버리면 이제 이산화탄소가 물에 녹아 있는 상황을 유지할 수 있게 됩니다.

우리가 탄산음료의 캔 뚜껑을 딸 때 쏴 하는 소리와 함께 기포가 올라오는 것은 볼 수 있습니다. 캔 뚜껑을 따면서 압력이 낮아지기 때문입니다. 이에 이산화탄소의 용해도도 낮아져 음료에 더 이상 녹아 있을 수 없는 이산화탄소 기체가 올라오는 것입니다. 또 냉장고가 아닌 실온에 둔 탄산음료를 마시면 톡 쏘는 맛이 덜한 이유도 마찬가지입니다. 온도가 높아져서 음료 속 이산화탄소의 용해도가 낮아지므로 음료에 녹아 있는 이산화탄소의 양이 줄어들었기 때문입니다. 따라서 탄산음료는 차가운 곳에 보관한 후 금방 뚜껑을 따서 마실 때(압력이 높은 상태로 보존된 상태) 이산화탄소가 가장 많이 녹아 있어 톡 쏘는 느낌이 가장 강한 맛을 즐길 수 있는 것입니다.

새미가 탄산음료의 비밀을 깨닫자마자 다시 한 번 정리해 말한다.

"아하! 아빠 저 이제 알 것 같아요. 탄산음료 온도가 높아지고 압력이 낮아지면 이산화탄소가 많이 빠져나와 밍밍한 맛이 된 거네요."

"맞아! 반대로 온도가 낮고 압력이 높은 상태를 유지한 탄산음료는 톡 쏘는 맛이 강하게 느껴지는 거야!"

"맞아요."

부녀를 흐뭇한 표정으로 바라보던 엄마가 말한다.

"어쨌든 오늘 탄산음료 덕분에 화학 공부도 하고 좋네요!"
"이게 다 케미랑 케미를 만들어 준 엄마 덕분이에요!"

탄산음료와 설탕

성장과 관련된 탄산음료의 대표적 문제를 하나만 꼽는다면 단연코 설탕입니다. 콜라 350mL 기준으로 들어 있는 설탕의 양은 37g으로 각설탕 약 9.5개 수준입니다. 한국영양학회의 하루 설탕 권장량이 각설탕 기준으로 12.5개임을 감안하면 얼마나 많은 설탕이 들어 있는지 느낄 수 있습니다. 게다가 지나친 당분 섭취는 비만을 불러일으킵니다.

설탕이 물에 녹는 것을 고체의 용해도라 하는데 용해도는 물 100g에 설탕이 얼마나 녹을 수 있는지에 따라 판별합니다. 설탕의 경우 20℃ 물에 100g에 대한 용해도가 208.9입니다. 물 100g에 설탕 208.9g이 녹을 수 있다는 뜻이니 설탕이 물에 얼마나 잘 녹고 많이 녹는지 알 수 있습니다. 설탕의 이러한 성질을 감안해 시중에서 파는 음료를 잘 선택해야 합니다.

| 탄산음료 성분 표시 |

8장

냉장고에 보관하면 안 되는 과일

– 왜 사과는 색이 잘 변할까?

💬　　점심식사를 막 끝낸 새미네. 엄마가 준비한 후식은 바나나 스무디로 바나나를 엄청 좋아하는 새미를 위해 특별히 만들었다.

"엄마, 바나나 스무디 먹으니까~ 바나나도 먹고 싶어요!"
"얘는? 점심 먹은 지 얼마나 됐다고! 그리고 바나나 이제 없어!"
"거~짓~말이죠?"

새미가 쪼르르 주방으로 가더니 식탁 주변을 살핀다. 아무리 찾아도 바나나가 보이지 않자 아빠에게 도움을 청한다.

"아빠~! 바나나 어딨어요?"
"어디 보자~ 냉장고에 있지 않나?"

엄마가 팔짱을 낀 채 부녀를 바라보며 말한다.

"어머, 당신! 내가 언제 바나나를 냉장고에 둔 적 있나요?"
"그러고 보니 냉장고에서 바나나를 꺼낸 적이 없네!"
"엥? 엄마! 왜 바나나는 냉장고에 안 둬요? 상하면 어떡해요?"
"오히려 바나나를 냉장고에 보관하면 더 빨리 상해. 그래서 실온에 둬야 한단다."

새미는 처음 안 사실에 눈이 동그래진다.

"헐~! 정말요?"
"정말이지~ 바나나는 열대 과일이잖아."
"처음 알았어요. 어떻게 그렇지? 믿기지 않아요."
"그럼~ 왜 그런지 케미한테 물어보렴!"
"좋아요. 케미야~! 왜 바나나는 냉장고에 보관하면 안 되는지 알려 줘!"

케미가 징징 소리를 내며 작동한다.

 "삐빅- 관련 내용을 검색합니다."

냉장고에 보관하면 안 되는 과일

바나나를 냉장고에 보관하지 않는 이유

바나나를 냉장고에 넣어 두면 얼마 지나지 않아 시커멓게 변합니다. 열대 과일인 바나나는 차가운 온도에 잘 적응하지 못하기 때문입니다. 즉 차가운 온도에 바나나 껍질을 둘러싸고 있는 세포벽이 약해져서 급격한 공기의 침투가 일어납니다. 이로 인해 바나나 껍질의 성분과 공기 속 산소의 산화 반응이 일어나 바나나 껍질이 검게 변하는 현상이 일어나게 됩니다. 이때 바나나 속에 들어 있는 산화 효소가 이 반응을 촉진시켜 반응은 급속히 진행하게 됩니다. 이것을 화학 반응식으로 표현하면 다음과 같습니다.

$$\text{바나나의 성분(A)} + \text{산소(O)} \xrightarrow{\text{산화 효소}} \text{바나나 성분의 산화물(AO, 검게 된 성분)}$$

바나나가 오래 되면 흔히 바나나 껍질이 검게 변하는 것을 볼 수 있는데 이것이 바로 바나나 성분의 산화물이 생겨 나타나는 현상입니다. 바나나의 이런 산화 현상이 냉장고 안에서는 훨씬 잘 일어나기에 바나나를 냉장고에 보관하지 않습니다.

"와! 바나나에 이런 비밀이 있는지 몰랐어요. 그런데 만약 바나나를 차갑게 먹고 싶다면 어떻게 해요?"

새미의 질문에 아빠도 고개를 끄덕이며 말한다.

"그러게. 역시 냉장고에 넣어야 할까? 아님 냉동고에 살짝 넣었다 뺄까?"

"아빠도 참~ 아까 냉장고에 넣으면 바나나가 어떻게 변하는지 케미가 설명했잖아요~!"

"아~ 그랬지? 그럼 이것도 케미한테 물어보자!"

"좋아요. 케미~! 바나나를 차게 해서 먹을 수 있는 방법 좀 알려 줘."

 "삐빅— 관련 내용을 검색합니다."

○○○○● 　 순간 포착 화학캠 케미　 📶 80% 🔋

바나나를 차갑게 먹는 법

바나나를 냉장고에 보관하면 산화 반응이 촉진되어 검게 변하기 쉽습니다. 하지만 차갑게 먹고 싶다면 산화 반응 촉진을 차단하는 방법을 사용해야 합니다. 바나나의 산화 반응은 껍질의 세포벽이 차가운 공기를 이기지 못하고 파괴되어 그곳에 공기가 들어가 생깁니다. 이때 차가운 기운 때문에 세포벽이 파괴되는 것은 막지 못하더라도 공기가 들어가는 것을 막으면 산화 반응도 막을 수 있습니다.

따라서 바나나를 랩에 꽁꽁 싸서 냉장고에 보관하면 공기가 차단되어 산화 반응을 막을 수 있습니다. 이후 랩에 싼 바나나를 꺼내면 차갑게 먹을 수 있습니다. 아니면 바나나 껍질을 깐 후 밀폐용기에 넣어서 보관하면 마찬가지로 공기를 차단해 산화 반응을 방지할 수 있습니다. 게다가 바나나 껍질이 없어 더 빨리 차가워집니다.

바나나뿐만 아니라 대부분의 과일은 껍질을 깎은 채 공기 중에 놔두면 점점 갈색으로 변합니다. 이를 갈변 현상이라 합니다. 사과는 붉은 갈색, 배나 복숭아는 연한 갈색, 수박은 짙은 갈색으로 변합니다. 이는 과일 속 물질과 공기 중의 산소가 결합하여 일어나는 산화 반응 때문에 나타납니다.

갈변 현상을 더 구체적으로 설명하자면, 껍질을 벗긴 과일 속에는 폴리페놀 화합물과 산화 효소^{폴리페놀옥시다아제}가 함께 들어 있습니다. 이때 폴리페놀 화합물과 공기 중의 산소가 산화 반응을 일으키는 것이 갈변 현상입니다. 산화 효소가 이 반응을 촉진시킴으로써 갈변 현상은 더욱 빠르게 일어납니다. 하지만 과일이 껍질에 쌓여 있을 때는 껍질에 강력한 항산화 성분이 들어 있고 또 외부 공기를 차단해 주는 역할을 하기에 갈변 현상은 거의 일어나지 않습니다.

💬 아빠는 바나나 찾는 것을 그만두고, 냉장고를 열어 과일 칸을 살펴본다. 하나 남은 배를 꺼내니 촉감이 이상하다.

"어라? 무슨 배가 이렇게 말랑해?"

"무슨 문제라도 있나요?"

"엄마! 아무래도 배를 잘못 산 것 같아요. 한쪽이 물러지고 색깔도 변했어요."

엄마가 배를 보더니 화들짝 놀란다.

"어머! 어제는 분명 멀쩡했어요."

"엄마, 이거 언제 샀어요?"

"한 2~3일 전에 샀어."

"그리고 보니~ 과일 중에서 같이 놔두면 안 된다는 과일이 있다는 걸 어디서 들은 것 같아요!"

"오? 그러냐? 그럼~ 냉장고 속 과일 칸을 케미로 찍어서 알아볼까?"

"좋아요, 아빠!"

새미는 얼른 케미를 작동시켜 과일 칸을 찍으며 말한다.

"케미~ 배가 왜 이렇게 물러졌는지 알려 줘~!"

케미가 징징 소리를 내며 작동한다.

 "삐빅- 관련 내용을 검색합니다."

순간 포착 화학캠 케미

사과는 다른 과일도 익게 만든다!

보통 냉장고의 과일 칸에는 여러 종류의 과일이 한데 보관되어 있습니다. 가끔 채소도 함께 섞여 있기도 합니다. 그러나 이렇게 보관할 때 주의할 점이 있습니다. 바로 사과를 다른 과일이나 채소와 함께 보관하지 않아야 합니다. 냉장고 과일 칸에 사과를 배와 함께 보관하면 배가 빨리 물러지고 상합니다. 그 이유는 사과에서 분비되는 '에틸렌'이라는 성분 때문입니다. 과일에서 에틸렌은 과일을 숙성시키는 호르몬으로 작용합니다. 예를 들어 아직 익지 않은 감을 따서 놓아두면 나무에 매달려 있지도 않아도 점점 감이 익습니다. 홍시도 마찬가지입니다. 이것은 과일 자체에서 에틸렌이 분비되기 때문입니다. 에틸렌에 의해 과일이 숙성되는 반응은 다음과 같은 반응식으로 표현할 수 있습니다.

$$\text{과일의 에틸렌 수용체} + \text{에틸렌}(CH_2=CH_2) \xrightarrow{\text{숙성 반응}} \text{과일의 숙성}$$

사과는 이 에틸렌 가스를 방출하기 때문에 주변 과일에 상당한 영향을 줍니다. 배뿐만 아니라 잘 익은 포도를 사과와 함께 둔다면 에틸렌 성분으로 인해 과도하게 익습니다. 그래서 빨리 물러지고 맛도 좋지 않습니다. 하지만 덜 익은 감이나 바나나라면 빨리 먹기 위해 일부러 사과를 곁에 두기도 합니다.
한편 에틸렌 호르몬은 채소와 같은 식물의 성장을 더디게 만들기도 합니다. 예를 들어 감자를 며칠 보관하다 보면 감자 스스로 싹을 틔우는 것을 볼 수 있습니다. 그래서 미리 감자와 사과를 함께 두면 그 속도를 늦출 수 있습니다.

💬 　케미를 통해 진실을 알게 된 아빠와 새미가 서로 마주 보며 말한다.

"헐, 사과가 범인이었어요!"
"오늘 새롭게 알게 된 사실이 많구나."

"아빠, 저는 그동안 냉장고가 만능이라 생각했거든요? 냉장고에 보관하기만 하면 다 괜찮은 줄 알았어요."

아빠가 씩 웃으며 새미의 머리를 쓰다듬고는 시계를 바라본다.

"그나저나 우리 새미의 배가 출출하겠지만~ 지금부터 저녁 준비 좀 도와줄래?"
"헤헤. 알겠어요!"

저녁 식사를 만들기 위해 냉장고 문을 연 아빠가 고개를 갸우뚱하며 말한다.

"어라? 이건 또 왜 이래?"

아빠가 냉장고에서 꺼낸 것은 양파인데 어째 축 늘어진 모양새가 심상치 않다.

"아빠, 혹시 양파도 사과 옆에 있던 거예요?"
"아니, 이건 다른 칸에 있었어."
"그렇다면… 엄마~! 이거 언제 샀어요?"
"과일이랑 같이 샀으니까 얼마 안 지났지."

새미가 마치 탐정이라도 된 듯 양파와 냉장고를 번갈아 살펴본다. 하지만 좀처럼 단서를 잡기 힘들다. 할 수 없이 새미는 다시 케미를 부른다.

"케미야~! 도대체 냉장고 속 양파가 왜 시들시들한지 알려 줘~!"

 "삐빅- 관련 내용을 검색합니다."

○○○○●● 　　순간 포착 화학캠 케미　　📶 80% 🔋

냉장고는 음식 보관에 만능이 아니다!

많은 사람들이 냉장고에 음식을 보관하기만 한다면 상할 일은 없을 거라고 생각합니다. 그러나 절대적인 것은 없습니다. 음식이 상하지 않는 조건의 첫 번째가 바로 온도입니다. 음식에 세균이 침투해 번식하면 그 음식은 상하기 마련입니다. 일부 세균을 제외한 대부분의 세균들은 5℃ 이하의 온도에서 살아남지 못하고, 냉장고의 냉장실은 5℃ 이하의 온도를 유지하고 있으므로 분명 음식이 상하는 것을 방지하는 효과가 있습니다. 하지만 음식은 온도뿐만 아니라 얼마나 신선한지도 중요합니다. 냉장고가 음식의 신선도까지 책임질 수 있는지에 대해서는 자신 있게 답하기 힘듭니다. 왜냐하면 냉장고의 습도 때문입니다. 냉장고의 습도는 대개 15~20% 이하로 아주 낮은 상태입니다. 냉장고의 습도가 이처럼 낮은 이유는 수증기의 승화[23]현상 때문입니다. 냉장고 속 공기는 냉동실과 냉장실을 순환하는 구조를 갖고 있는데 이 공기가 냉동실에 오는 순간, 공기 중 수분(수증기)은 0℃보다 낮은 온도에 얼어붙게 됩니다. 이렇게 냉장고 속에서 공기 중의 수분이 자꾸 얼어붙는 반응이 일어나기 때문에 수분도 자꾸 사라지게 됩니다. 결국 냉장고 속 공기의 습도도 아주 낮아지게 되니 음식을 신선하게 보관하는 데 문제가 생깁니다. 낮은 상태의 습도가 수분 함량이 높은 음식과 만나면 평형을 이루려는 성질을 가집니다. 그래서 습도가 낮은 냉장고 속 공기가 음식 속 수분을 빨아들이는 다음과 같은 반응이 일어납니다.

낮은 상태의 습도(냉장고 속)+음식 속 수분 ──평형 반응──▶ 음식 속 수분을 빨아들임

이 때문에 냉장고 속에 넣어 둔 음식은 빨리 마르는 현상이 생기게 됩니다. 냉장고에 떡이나 빵을 넣어 두고 꺼내니 떡이나 빵의 표면이 말라 딱딱해진 모습도 냉장고 속 낮은 습도 때문에 일어난 현상입니다. 배나 양파와 같은 과일/채소도 마찬가지로 냉장고에 그냥 넣어 두면 수분이 빨리 증발해 시들해집니다. 신선도뿐만 아니라 맛도 떨어집니다.

따라서 냉장고에 과일이나 채소를 보관할 경우 수분 증발을 방지할 수 있도록 봉지에 싸서 보관해야 합니다. 단, 과일이나 채소는 호흡[24]을 하기 때문에 완전 밀폐되지 않게 작은 구멍을 2~3개 뚫어 주는 것이 좋습니다. 쉽게 물러지기 쉬운 상추나

대파 등의 채소는 랩에 싸서 보관하면 그 신선도를 유지할 수 있습니다. 랩처럼 아주 얇은 비닐은 어느 정도 공기가 통하기 때문입니다.

23 승화: 물질이 고체(또는 기체)에서 액체를 거치지 않고 직접 기체(고체)로 변하는 현상이다.
24 과일의 호흡 작용: 과일은 사람처럼 산소를 흡수하고 이산화탄소를 내뿜는 호흡을 한다.

 "아하! 앞으로 양파는 봉지에 넣어 냉장고에 보관해야겠어요!"

"맞아. 거기에 구멍 한두 개도 뚫고!"

"아빠, 저 오늘 마치 탐정처럼 이런저런 비밀을 꽤 알게 된 것 같아요."

"흠, 아빠도 그렇단다."

새미가 다시 냉장고 문을 활짝 연다. 그런 새미를 본 엄마가 고개를 갸우뚱한다.

"새미야, 뭐 찾니?"

"아뇨~ 여기 채소들 모두 봉지에 싸서 다시 넣어 두려고요."

"오~ 정말? 기특해라. 엄마도 도울게!"
"나도!"

엄마, 새미, 아빠 모두가 냉장고 속 채소들을 꺼내 식탁 위에 두기 시작한다. 이렇게 정리하다 보니 제법 물러진 것들이 속속 보인다. 이를 본 새미가 결연하게 말한다.

"이왕 이렇게 알게 되었으니 케미한테 냉장고에 그냥 보관하면 안 되는 과일이나 채소가 뭔지 물어볼래요!"
"그거 좋은 생각이구나!"

새미가 케미 앱을 작동시키고 나니 음성이 들린다.

"삐빅- 궁금한 부분을 말하세요."

"케미야~! 냉장고에 보관해서는 안 되는 채소와 과일 좀 말해 줘."

케미가 잠시 기계음을 내며 작동한 뒤 다음과 같은 대답을 내놓는다.

"열대 과일은 차가운 온도에 대한 면역이 약하므로 냉장고 보관을 하지 않는 것이 좋습니다. 여름철 과일인 수박은 냉장고에 보관하여 먹는데 사실 이는 좋은 보관법이 아닙니다. 멜론 역시 열대 과일이므로 껍질째 냉장고에 보관하면 오히려 빨리 상하게 됩니다. 즉 수분이 아주 많은 과일이나 토마토, 감자와 양파, 마늘 등이 있습니다. 수분이 많은 과일을 냉장 보관해서 먹으려면 껍질을 깎아 밀폐된 용기에 보관한 뒤 최대한 빨리 먹는 것이 좋습니다."

케미의 말에 모두들 집중해서 듣다가 문득 아빠가 깨달은 듯 말한다.

"아! 어쩐지 냉장고에 수박을 깍둑썰기로 보관하는 사람들이 많더라니!"
"아빠~ 저희도 여름에 수박 먹을 때 그렇게 보관해요!"
"그래!"

새미네 가족 모두가 힘을 합치니 냉장고 정리가 금방 끝이 났다. 이제 새미의 아빠를 중심으로 본격적인 저녁 식사 준비에 들어간다.

견과류에 들어 있는 불포화 지방산의 산화 반응

견과류는 각종 영양소뿐만 아니라 몸에 좋은 불포화 지방산[25] 함량이 많아 간식으로도 인기가 많습니다. 그런데 견과류도 냉장 보관을 하는 것이 좋습니다. 왜냐하면 견과류 속에 들어 있는 불포화 지방산이 공기 중의 산소와 햇빛을 만나면 쉽게 산화 반응을 일으키기 때문입니다. 물론, 산화 반응을 일으켰다고 해서 견과류 자체가 상한 것은 아니지만 맛과 영양을 변질시키기 때문에 주의해야 합니다.

$$\text{견과류의 불포화 지방산} + \text{산소} \xrightarrow{\text{햇빛}} \text{견과류의 불포화 지방산의 산화물}$$

또 견과류를 실온에 놔두면 아플라톡신[26]이라는 곰팡이가 생기기 쉽습니다. 이는 견과류가 상했다는 것을 의미하니 더욱 조심해야 합니다. 그래서 견과류를 냉장고에 보관하면 햇빛 차단뿐만 아니라 낮은 온도로 인해 곰팡이가 생기는 것도 방지해 줍니다.

---

[25] 불포화 지방산: 지방은 포화 지방산과 불포화 지방산이 있다. 포화 지방산은 낮은 온도에서 걸쭉해지거나 잘 굳어 건강에 좋지 않지만, 불포화 지방산은 낮은 온도에서도 액체 상태를 유지해 건강에 좋은 것으로 알려져 있다.

[26] 아플라톡신: 독성 물질을 만들어 내는 곰팡이의 한 종류이다.

9장

냉장고 속 속 쓰림을 달래 주는 음식

– 왜 속이 쓰릴까?

💬　　화요일 오전 6시, 보통 출근 준비로 바쁜 아빠가 보기 드물게 거실에서 배를 움켜쥐고 끙끙댄다. 엄마도 그 옆에 앉아 구급약 상자 속 무언가를 찾고 있다.

"당신, 어젯밤에는 괜찮았던 거예요?"
"응. 오늘 새벽부터 속이 쓰리네."
"어휴. 아니, 그러게~ 어제 늦게까지 회식할 때 과식하지 말라고 했잖아요~!"
"오랜만의 회식이라 고기를 왕창 먹어 버렸네…."
"아무래도 위산 과다증 아닐까요?"
"위산 과다증?"
"원래 고기 많이 먹으면 위산도 그만큼 많이 분비되잖아요. 아무래도 당신 위가 어제의 고기를 기억하나 봐요. 그래서 지금 위산을 막~ 내뿜는 거죠."

"역시, 당신은… 모르는 게 없어. 멋져!"

"훗, 기다려 봐요. 제산제27가 있나 찾아볼게요."

구급약 상자 속 제산제가 하필 똑 떨어졌다. 그때 잠에서 깬 새미가 눈을 비비며 말한다.

"어? 엄마 뭐 찾아요?"

"응, 아빠가 속 쓰리다고 해서 약 찾고 있어. 그런데 저번에 사 둔 게 다 떨어졌네."

"헐, 그럼 어떡해요? 아직 병원 문 열려면 멀었잖아요."

---

27 제산제: 억제할 제(制), 초 산(酸), 약지을 제(劑), 한자 뜻 그대로 산을 제거해 주는 약이다.

"허허, 우리 딸이 걱정해 주니까 조금 나아지려고 해."

그때 새미가 곰곰이 생각하더니 케미를 작동시킨 뒤 말한다.

"케미야, 속 쓰릴 때 집에서 해결하는 방법 좀 알려 줘~!"

케미가 징징 소리를 내며 작동한다.

 "삐빅― 관련 내용을 검색합니다."

훌륭한 제산제: 달걀 껍데기

속 쓰림은 과식을 했거나 음식물의 소화가 잘 안 되어 신물이 넘어오면서 나타나는 증상입니다. 이러한 증상이 생기는 이유는 소화에 사용되는 산(염산)이 평소보다 더 많이 분비되어 위와 식도를 자극하기 때문입니다. 위에서 강한 염산이 분비되는 이유는 음식물을 분해하고 또 음식물에 섞인 세균들을 죽이기 위함입니다. 다행히 위 점막에는 '뮤신'이라는 위벽 보호 물질이 분비되어 염산으로 인한 위 손상을 막아 줍니다. 하지만 염산이 과도하게 많이 분비되면 위에서 거꾸로 식도를 타고 올라오기도 합니다. 또 위벽도 자극해 염증을 일으키거나 심하면 위벽을 헐게 만듭니다. 이로 인해 속 쓰림 증상이 나타나게 됩니다.

속 쓰림을 해결하기 위해서는 과다 분비된 염산을 제거해 주는 제산제를 먹어야 합니다. 약국에서 쉽게 구할 수 있지만 불가피한 경우 천연 제산제를 이용해야 합니다. 사람들이 흔히 속 쓰릴 때 우유를 마시곤 하는데 어느 정도 효과를 볼 수는 있어도 적극 추천하는 방법은 아닙니다. 우유의 풍부한 영양소들이 위산 분비를 다시 촉진시킬 수 있기 때문입니다. 그래서 가정에서 준비할 수 있는 천연 제산제를 다음과 같이 소개합니다.

① 달걀 껍데기: 달걀 껍데기는 탄산칼슘 성분으로 구성되어 있습니다. 탄산칼슘은 탄산수소나트륨처럼 제산제 역할을 하는 물질입니다. 제조법은 달걀 껍데기를 말린 후 아주 잘게 가루로 내어 볶습니다. 이것을 반 스푼씩 하루 세 번 먹으면 제산제로도 좋고 칼슘 보충제로도 좋습니다.

② 검게 변한 바나나: 바나나를 공기 중에 며칠 놔두면 금세 검은 반점이 생기면서 색깔이 변합니다. 이때 검게 변한 바나나는 천연 제산제입니다. 바나나가 검게 변하면 칼슘 성분이 많아지기 때문입니다. 칼슘 성분 역시 염기성을 만들어 내므로 제산제 역할을 합니다.

③ 미역귀: 미역귀에는 알긴산 성분이 많이 들어 있습니다. 알긴산은 위산과 반응하여 진득한 겔 층을 만들므로 위산을 어느 정도 잡아 주는 역할을 합니다. 따라서 속이 쓰릴 때 미역귀를 먹으면 좋습니다.

새미가 냉장고 문을 열고 달걀 몇 알을 가지고 온다.

"엄마, 달걀 껍데기로 제산제를 만들면 어때요?"
"좋아! 만들어 보자!"

주방에서 엄마가 달걀 껍데기를 곱게 빻은 뒤 프라이팬에 이리 저리 볶는다. 작은 그릇에 담고서 물과 숟가락을 새미에게 쥐어 주고 말한다.

"새미야~ 아빠에게 전해 주렴~!"

새미는 거실 소파에 웅크리고 있는 아빠에게로 달려간다.

"아빠~! 이것 좀 드셔 보세요!"
"응."

아빠가 물과 함께 꿀꺽 삼킨다. 얼마 뒤 학교 갈 준비까지 다 마친 새미가 아빠에게 다가가 묻는다.

"아빠~ 이제 좀 괜찮아요?"
"새미가 걱정해 준 덕분에 아까보다 좋구나."

"와! 그럼? 달걀 껍데기 제산제가 정말 효과는 있나 봐요."

새미의 말에 엄마도 아빠의 안색을 찬찬히 들여다보더니 이내 고개를 끄덕인다.

"응. 그런 것 같아?!"
"진짜 신기해요! 달걀 껍데기의 어떤 원리가 속 쓰림을 멈추게 했을지 궁금해요."
"음~ 그럼 등교 시간까지 아직 여유로우니 케미한테 물어볼까?"
"좋아요. 케미야~! 달걀 껍데기는 어떤 원리로 속 쓰림을 달래 주는 거야?"

 "삐빅- 관련 내용을 검색합니다."

○○○○● 순간 포착 화학캠 케미　📶 80% 🔋

달걀 껍데기가 제산제 작용을 하는 원리
달걀 껍데기의 주성분은 90% 이상이 탄산칼슘이고, 나머지는 단백질과 기타 물질로 이루어져 있습니다. 그중 겉껍질의 주성분은 탄산칼슘이고, 속껍질은 단백질입니다. 그리고 위산의 주성분은 염산입니다. 달걀 껍데기를 제산제로 만들어 먹으면 위에서 다음과 같은 반응이 일어납니다.

탄산칼슘($CaCO_3$) + 염산($2HCl$) → 염화칼슘($CaCl_2$) + 물(H_2O) + 이산화탄소(CO_2)

이 화학 반응식에서 좌변의 Ca 개수는 1개 우변의 Ca 개수도 1개이고, 좌변의 C 개수는 1개 우변의 C 개수도 1개이며, 좌변의 O 개수는 3개, 우변의 O 개수도 3개이고, 좌변의 H 개수는 2개, 우변의 H 개수도 2개이며 좌변의 Cl 개수는 2개, 우변의 Cl 개수도 2개이므로 이 반응식은 성립합니다.

속 쓰림 현상은 과다한 염산 때문에 생기는 것이므로 염산을 제거하는 것이 제산제의 주된 역할입니다. 그런데 달걀 껍데기의 주성분인 탄산칼슘은 위 반응과 같이 위 속에서 염산과 반응하여 중성물질인 염화칼슘, 물, 이산화탄소 등을 만들어 냅니다. 이때 이산화탄소가 산성을 일으킬 수 있으나 기체 상태로 배출되기 때문에 큰 문제가 되지는 않습니다.

이와 같이 달걀 껍데기의 탄산칼슘 작용으로 위산의 염산이 제거될 수 있기에 달걀 껍데기는 훌륭한 제산제 역할을 할 수 있습니다.

💬 "와! 앞으로 속 쓰림 증상이 생기면 달걀 껍데기로 지금처럼 만들어서 먹어야겠어요."

"하지만 아빠의 증상이 그리 심하지 않아서 쉽게 가라앉은 것도 있어. 심하게 아프면 응급실이나 제산제 약을 먹어야겠지."

아빠를 제외한 새미와 엄마가 집을 나설 준비를 한다.

"아빠! 그럼 저 학교 다녀올게요!"
"당신! 꼼짝 말고 집에서 푹 쉬어요! 알았죠? 그럼 다녀올게요!"

어느덧 바깥은 어스름이 깔린 저녁이다. 새미가 현관에 들어서자 아침에 신고 나간 엄마의 구두가 보인다.

"학교 다녀왔습니다~! 엇?! 엄마! 일찍 오셨네요?"

엄마의 이른 귀가에 새미가 신발을 얼른 벗고 거실로 가니 이번엔 엄마가 소파에 누워 있다. 새미가 걱정스레 묻는다.

"어라, 엄마? 어디 아프세요? 아빠는요?"
"응… 속이 좀 쓰리네. 아빠는 약국 가셨어."
"그 달걀 껍데기 제산제는요?"

점심으로 먹은 게 탈이 났는지 연신 속이 쓰려 결국 조퇴하고 만 새미 엄마. 아침에 만든 달걀 껍데기 가루도 통하지 않아 아빠가 급하게 약을 사러 나갔다. 그때 마침 아빠가 돌아왔다.

"약 사왔어~! 어? 새미 학교 잘 다녀왔니?"
"네, 아빠. 제가 물 준비할게요!"

후다닥 주방으로 가 물을 갖고 온 새미는 곧장 엄마에게 내민다.

"엄마, 얼른 드셔 보세요."

엄마가 약과 함께 물을 꿀꺽 삼킨다. 새미가 그 모습을 유심히 바라보다 문득 아빠에게 묻는다.

"아빠, 아침에는 달걀 껍데기가 효과가 있는 것처럼 보였는데요. 지금 보니 그 효과를 맹신할 순 없네요? 경우에 따라 효과가 안 나타날 때도 있으니깐요. 어떨 땐 듣고, 어떨 땐 안 듣고…."
"그럼~ 엄마는 쉬게 두고, 이번 기회에 제산제의 원리를 정확히 알고 넘어가는 게 어떠냐? 일단 케미한테 물어보자!"
"좋아요. 케미야~! 제산제 원리 좀 알려 줘!"

 "삐빅- 관련 내용을 검색합니다."

제산제의 속 쓰림 제거 원리

제산제가 속 쓰림을 제거하는 화학적 원리는 중화 반응[28]에서 찾을 수 있습니다. 대표적 중화 반응의 예를 화학 반응식으로 나타내면 다음과 같습니다.

염산(HCl) + 수산화나트륨(NaOH) → 염화나트륨(NaCl) + 물(H_2O)

대표적인 강한 산으로는 염산이 있으며, 대표적인 강한 염기로는 수산화나트륨이 있습니다. 이 염산과 수산화나트륨이 반응함으로써 중성인 염화나트륨과 물이 만들어집니다. 이 반응에서 꼭 알아야 할 것은 산에 공통적으로 들어 있는 성분이 수소 이온(H^+)인 것과 염기에 공통적으로 들어 있는 성분이 수산화 이온(OH^-)이라는 것입니다. 산이 산성을 나타내는 이유는 수소 이온(H^+) 때문이고, 염기가 염기성을 나타내는 이유는 수산화 이온(OH^-) 때문입니다. 즉 산과 염기의 반응에서 수소 이온(H^+)과 수산화 이온(OH^-)의 반응이 가장 중요합니다. 그래서 실제 산과 염기의 중화 반응을 수소 이온(H^+)과 수산화 이온(OH^-)이 반응하여 물이 생성되는 반응으로만 표현하기도 합니다.

수소 이온(H^+) + 수산화 이온(OH^-) $\xrightarrow{\text{중화 반응}}$ 물(H_2O)

이 화학 반응식에서 좌변과 우변의 H와 O의 수가 같으므로 성립함을 알 수 있습니다. 제산제 역시 중화 반응을 이용하여 위산을 제거하는 반응이라 할 수 있습니다. 이를 화학 반응식으로 요약하여 나타내면 다음과 같습니다.

염산(H^+)+제산제(OH^-) → 물(H^++OH^-=H_2O)+나머지 물질의 화합물(염이라 함)

하지만 시중에 파는 제산제는 수산화나트륨과 같이 강한 염기는 사용하지 않습니다. 강한 산이 피부를 녹이듯 강한 염기 역시 피부를 녹일 수 있기 때문입니다. 대신 피부에 해를 주지 않을 정도의 약한 염기가 사용됩니다. 시중에 판매되는 제산제의 종류로는 성분에 따라 크게 마그네슘을 포함한 제산제와 알루미늄을 포함한 제산제로 나뉩니다. 두 제산제가 위의 염산과 반응하여 나타나는 결과는 다음과 같습니다.

마그네슘 제산제(OH^-)+염산(H^+) → 물(H^++OH^-=H_2O)+마그네슘 염
알루미늄 제산제(OH^-)+염산(H^+) → 물(H^++OH^-=H_2O)+알루미늄 염

즉, 마그네슘 제산제나 알루미늄 제산제 모두 염산과 반응하여 산을 중화시키는 작용은 같으나 나머지 생기는 물질의 종류가 다른 것입니다. 마그네슘 제산제의 경우 마그네슘 염, 알루미늄 제산제의 경우 알루미늄 염을 만들어 냅니다. 이런 염들이 몸속에 많아질 경우 또 다른 부작용이 나타날 수 있습니다. 마그네슘 염이 과할 경우 설사를, 알루미늄 염이 과할 경우 변비를 일으킬 수 있다고 합니다. 따라서 두 가지 제산제를 적절히 섞어 사용하는 것이 바람직하다고 볼 수 있습니다.

---

28 중화 반응: 산과 염기가 반응하여 물과 염이 생기는 화학 변화

💬 "중화 반응에 비밀이 숨어 있었네요. 즉 달걀 껍데기의 탄산칼슘이 염기였다는 말이네요?"

"오! 맞아. 역시 우리 새미는 하나를 가르치면 둘을 아네! 탄산칼슘이 염기와 같은 역할을 한 거지."

그때 새미가 엄마의 약 봉지를 살펴보더니 아빠에게 묻는다.

"그런데 왜 제산제 약은 대부분 손으로 쭉 짜서 먹어요?"

아빠는 새미의 예상치 못한 질문에 우물쭈물한다.

"그냥 먹기 좋으라고 그렇게 만든 것 아닐까?"
"읔. 차라리 알약이 나을 것 같아요. 엄청 쓴 약을 짜 먹어야 한다니!"

그때 엄마가 조용히 말한다.

"새미야 이건 하나도 안 써. 오히려 달콤하고 맛있어."
"엇? 마치 어린이용 물약처럼요?"
"음~ 조금 다른 느낌이긴 하지만 삼킬 때 목 넘김이 편한 것 같아! 마치 위벽을 바르는 느낌이랄까?"

"생각해 보니 왜 제산제를 이렇게 겔로 만들었는지 궁금하네. 새미 말처럼 그냥 알약으로 만들어도 될 것 같은데… 분명 무슨 이유가 있는 것 같아."

"음. 당신이랑 케미가 그렇게 궁금하다면 케미 찬스를 또 써야 겠네요."

"맞아요, 엄마. 케미야~! 제산제는 왜 걸쭉하게 만들어서 파는 거야?"

케미가 징징 소리를 내며 작동한다.

 "삐빅- 관련 내용을 검색합니다."

○○○○ 순간 포착 화학캠 케미　　📶 80% 🔋

제산제를 겔 상태로 만든 이유

화학에서 용액의 한 종류로 '콜로이드 용액'이 있습니다. 대부분 용액은 투명한 성질을 나타냅니다. 설탕 용액, 소금 용액 등이 이에 해당합니다. 이때의 특성은 일단 녹고 나면 용질의 형태가 보이지 않습니다. 소금물에서 소금이 보이지 않는 것처럼 말입니다.

하지만 입자의 크기가 좀 더 큰 용질의 경우 용질이 용매 속으로 골고루 퍼져 나갔는데도 불구하고 용질의 형태가 남아 있

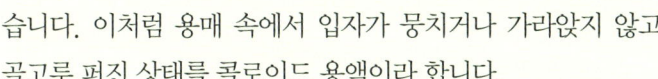

습니다. 이처럼 용매 속에서 입자가 뭉치거나 가라앉지 않고 골고루 퍼진 상태를 콜로이드 용액이라 합니다.

콜로이드 용액 중에는 뿌연 모습을 보이는 것도 있고 또 걸쭉한 형태를 나타내기도 합니다. 뿌연 모습을 보이는 것의 대표적인 용액이 우유입니다. 또 걸쭉한 상태를 겔이라고 하는데 제산제가 바로 여기에 해당합니다. 그래서 시중에 파는 제산제의 명칭에 'ㅇㅇ겔'이란 이름이 붙는 것입니다.

제산제를 겔 형태로 만든 데에는 중요한 이유가 있습니다. 사실 제산제는 물에 녹지 않는 성분으로 만들어져 있습니다. 왜냐하면 다른 약과 달리 제산제는 위장에 머물면서 계속 분비되는 위산과 반응하여 염산을 제거해야 하기 때문에 머무는 시간이 필요합니다. 그런데 제산제가 물에 녹는다면 물과 함께 씻겨 내려가 위장에 오래 머물러 있지 못하게 됩니다.

이 때문에 제산제는 일단 물에 녹지 않는 성분으로 만듭니다. 그리고 제산제는 위벽에 고루 퍼져 위벽을 발라 주는 기능도 있어야 합니다. 이 두 가지 기능을 동시에 고려하여 만든 것이 바로 겔 모양의 약입니다.

참고할 것은, 이러한 제산제는 일시적으로 증상을 완화하기 위한 약이니 장기적으로 사용해선 안 된다는 사실입니다. 위산은 없어져야 될 물질이 아니라 소화에 꼭 필요한 물질이기 때문입니다. 장기적으로 계속 위산을 제거하면 자칫 소화 기관에 위험을 불러일으킬 수도 있다는 점을 꼭 기억해야 합니다.

새미랑 아빠가 동시에 무릎을 탁 친다.

"아하! 이제 제산제가 왜 그렇게 나오는지 알 것 같아요!"
"아! 그러고 보니 약국에서 산 제산제 이름도 '겔'로 끝났어!"

새미가 엄마, 아빠를 바라보며 진지하게 말한다.

"두 분 모두 아프지 마시고 얼른 나으세요!"

엄마가 흐뭇하게 미소를 짓는 가운데 아빠가 호들갑을 피우며 말한다.

"으~~ 역시! 우리 새미밖에 없어~!"
"헤헤. 그래야 엄마, 아빠의 맛있는 요리를 계속 먹을 수 있잖아요~!"
"허허, 우리 새미. 요리에 뜻이 있었네. 걱정 마! 얼른 나을 테니까!"

그 모습을 지켜보던 엄마가 나지막이 말한다.

"그런데 새미야. 너희 학교 다음 주가 기말이라며?"

"하하. 엄마도 참. 이런 분위기에~ 그럼 저는 공부하러 들어가 보겠습니다!"

갑자기 분위기가 싸한 가운데 새미가 얼른 방으로 들어간다.

'아… 벌써 기말이라니!'

베이킹 소다도 훌륭하다!

만약, 속이 쓰린데 집에 제산제도 없고 달걀 껍데기도 없다면 어떻게 해야 할까요? 이때에도 최후의 방법이 있습니다. 바로 베이킹 소다를 쓰는 것입니다. 베이킹 소다의 주성분은 탄산수소나트륨입니다. 탄산수소나트륨은 염기성을 띠기 때문에 위산과 반응하여 중화 반응을 일으킴으로써 위산을 제거하는 기능을 발휘할 수 있습니다.

탄산수소나트륨이 염산과 만나면 다음 화학 반응식과 같은 반응이 일어납니다.

$$\text{탄산수소나트륨}(NaHCO_3) + \text{염산}(HCl)$$
$$\rightarrow \text{물}(H_2O) + \text{염화나트륨}(NaCl) + \text{이산화탄소}(CO_2)$$

좌변과 우변의 원소 개수를 비교해 보면, 좌변과 우변의 Na가 각각 1개, H가 각각 2개, C가 각각 1개, O가 각각 3개, Cl가 각각 1개로 일치하여 이 반응식은 성립됨을 알 수 있습니다. 즉, 속이 쓰릴 때 베이킹 소다를 먹으면 물과 염화나트륨, 이산화탄소를 발생시키면서 위산을 제거하므로 훌륭한 제산제 역할을 할 수 있습니다.

집에서 베이킹 소다로 제산제를 만드는 방법은 베이킹 소다 반 스푼을 물 한 컵^{200mL 정도}에 타 먹으면 됩니다. 단, 이러한 처방은 일시적 효과를 보기 위한 것임을 알아야 합니다. 또 탄산수소나트륨의 경우, 위 제산제와 달리 이산화탄소가 추가적으로 발생하니 주의해야 합니다.

10장

달걀노른자의 마술, 마요네즈 속 화학

– 왜 달걀노른자로 마요네즈를 만들까?

💬   오늘 드디어 새미의 기말고사가 끝났다. 새미가 시험을 치르고 집에 오니 아빠가 새미를 기다리고 있었다.

"새미야, 수고했어! 시험도 끝난 마당에 아빠가 특별히 크림 마요네즈 통새우 요리 만들어 주려고 일찍 왔단다."
"고마워요~ 아빠! 그런데 무슨 요리 이름이 그렇게나 길어요? 크림 마요네즈 통새우?"
"훗! 그냥 먹어도 맛있는 통새우에~ 부드러운 크림과 마요네즈 소스를 곁들인 요리야!"
"우와, 대박!"

새미는 아빠의 말만 들어도 군침이 도는 듯했다. 그리고 열려 있는 냉장고 속에는 아빠가 미리 장을 봐 둔 덕분에 요리 재료들로 가득하다. 그런데 아빠가 냉장고 속 요리 재료를 뒤적이다 마요네즈가 없다는 사실을 깨닫고는 난감한 목소리로 말한다.

"아~ 마트에서 마요네즈를 깜빡했네!"
"헐~ 마요네즈 없이 만들어야 해요?"

아빠는 새미에게 심부름 시키려다가 막 시험을 끝내고 온 새미를 의식하고선 이내 포기한다. 그리고 자신이 직접 만들기로 결심한다.

"마요네즈도 내가 만들지 뭐."
"우와!"

새미는 아빠가 마요네즈를 직접 만든다고 하자 호기심 어린 눈으로 지켜본다. 마요네즈를 그냥 먹어만 봤지 한 번도 만드는 걸 본 적이 없기 때문이다.

"자~! 시작해 볼까?"

아빠가 마요네즈를 만들기 위해 큰 볼bowl에 식초, 달걀노른자, 식용유를 붓는다. 새미는 마요네즈 재료가 의외로 너무 적다는 생각이 든다.

"애걔, 마요네즈 재료가 이게 다예요?"
"그럼! 이제부터 마요네즈가 어떻게 만들어지는지 잘 봐!"

아빠가 힘차게 마요네즈 재료를 섞기 시작한다. 반신반의했던 새미는 점점 마요네즈 형태로 만들어지는 모습이 그저 신기하다.

"와! 정말 마요네즈가 만들어졌네요. 너무 신기해요. 그런데 도대체 어떤 원리로 마요네즈가 만들어지는 거예요?"
"허허, 그냥 만들 줄만 알지. 그 원리에 대해서 설명하려니 어렵구나. 아마 케미는 알고 있지 않을까?"

새미는 고개를 끄덕이며 케미에게 질문한다.

"케미야, 마요네즈는 어떤 원리로 만들어지는지 알려 줘!"

 "삐빅 – 관련 내용을 검색합니다."

마요네즈가 만들어지는 원리

고소하고 시큼한 마요네즈가 만들어지는 원리를 이해하기 위해서는 마요네즈의 재료를 알아야 합니다. 마요네즈에 들어가는 재료는 식초, 달걀노른자, 식용유가 전부입니다. 여기에서 주목할 점이 있습니다. 식초는 물이 주성분이고, 식용유는 기름입니다. 물과 기름은 서로 섞이지 않지만 달걀노른자를 이용하면 가능합니다.

달걀노른자에는 레시틴이라는 물질이 들어 있는데 그 분자 구조의 모습은 다음과 같습니다.

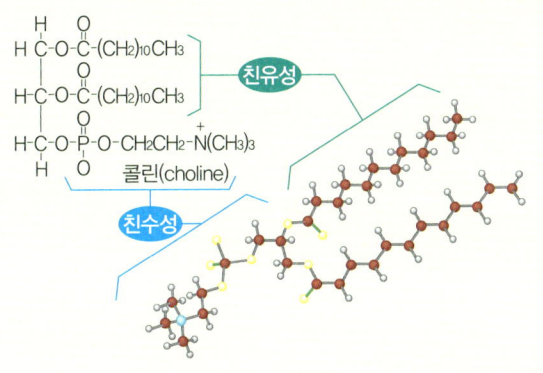

레시틴의 분자 구조

앞 그림의 왼쪽 위 분자식은 복잡하지만 이를 모형으로 나타내면 오른쪽 아래 빨간 그림과 같게 됩니다. 이때 하얀 분자들이 있는 부분은 친유성기름과 잘 섞이는 성질을 가지고 있고, 빨간 분자들이 있는 부분은 친수성물과 잘 섞이는 성질을 가지고 있습니다. 즉, 물질 하나에 친유성과 친수성을 동시에 가지고 있지요. 학자들은 자연계에서 식용으로 쓰는 물질 중 이 두 가지 성질을 동시에 가진 물질은 레시틴[29]이 유일하다고 합니다.

식초, 달걀노른자, 식용유를 혼합하여 세게 저으면 식초의 물과 식용유가 달걀노른자 레시틴의 작용으로 서로 섞이기 시작합니다. 그리고 얼마 후 이전의 세 가지 물질과는 전혀 다른 고소한 마요네즈가 만들어집니다.

마요네즈는 액체도, 고체도 아닌 걸쭉한 형태인데 마요네즈와 같은 상태를 넓은 의미로 콜로이드 용액이라 부릅니다.

---
29 레시틴: 지방과 인이 서로 결합된 구조를 하고 있는 물질이다.

"아하! 마요네즈 만들 때 달걀노른자가 중요한 역할을 하네요!"

"맞아, 달걀노른자가 안 들어가면 식초와 식용유가 서로 섞이기 힘들지."

새미는 아빠가 만든 마요네즈 맛을 살짝 본다. 고소하고 부드러

우면서도 시큼한 게 아빠가 직접 만들어 준 것이라 더 맛있게 느껴졌다.

"역시~! 울 아빠 솜씨는 최고예요!"
"하하. 이렇게 우리 딸이 칭찬해 주니~ 내 기분도 최고!"

아빠가 새미의 칭찬에 힘입어 이번에 프렌치드레싱 만들기에 도전한다.

"이왕 직접 만드는 김에 프렌치드레싱도 만들자."
"프렌치드레싱이요?"
"그래, 샐러드 소스로 많이 쓰이지."
"와! 이것도 어떻게 만드는지 궁금해요."
"집에 핸드블렌더[30]가 있으니 어렵지 않게 만들 수 있을 거야."
"네! 제가 갖고 올게요!"

새미가 가져온 핸드블렌더에 아빠가 발사믹 식초와 올리브유를 넣고 섞기 시작하는데 생각보다 금방 섞이지 않는다.

---

30 핸드블렌더: 손으로 쥐고 거품을 낼 수 있는 전동 믹서이다.

"에고, 빨리 섞이지는 않네."

"식초는 물이고, 올리브유는 기름이라 그런 것 아녜요?"

"그렇지! 우리 새미가 정확히 짚었구나. 물과 기름을 섞으려니 쉽지 않지."

서로 섞이지 않을 것 같더니 시간이 지나니 나름 걸쭉한 프렌치 드레싱 소스가 만들어졌다. 아빠가 준비해 놓은 샐러드 위에 소스를 붓자 새미는 한껏 기대한다.

"와, 맛있어 보여요!"

"메인 메뉴 먹기 전에 샐러드 먼저 맛보렴."

새미가 얼른 샐러드 맛을 본다. 시큼하고 부드러운 데다가 채소의 싱싱함까지 있으니 건강해지는 기분이다.

"아빠~ 이 샐러드는 입맛 돋우는 데 좋은 것 같아요!"

"하하, 그렇지?"

"그런데 아까 마요네즈 만들 때랑 달리 어떻게 물과 기름이 섞였을까요?"

그때 아빠가 눈짓으로 휴대폰을 가리킨다. 새미는 단박에 눈치

를 채고서 케미를 작동시킨다. 그리고 카메라로 프렌치드레싱을 찍으며 질문한다.

"케미야~! 어떻게 물과 기름만으로 섞일 수 있어?"

 "삐빅- 관련 내용을 검색합니다."

○○○○● 순간 포착 화학캠 케미 📶 80%

유화제 없이 물과 기름을 섞는 방법

물과 기름을 섞이게 하는 물질을 유화제라고 합니다. 예를 들어 달걀노른자에 들어 있는 레시틴도 유화제입니다. 유화제 없이 물과 기름이 섞이는 이유를 알아보기 전에 먼저 분산 반응을 이해해야 합니다.

분산 반응이란 한 액체가 섞이지 않는 다른 액체 속으로 아주 잘게 나뉘어 퍼져 들어가 섞이는 것을 말합니다. 예를 들어 마요네즈는 물속으로 기름이 잘게 분산되어 들어가 섞인 상태입니다. 이때 유화제를 사용하지 않는다면 섞이지 않는 액체를 분산하기 위해 세게 저어 주는 작업이 필요합니다. 매번 손으로 세게 젓기 힘들다면 핸드블렌더를 사용해도 좋습니다. 이렇게 세게 저어 주는 작업을 통해 유화제 없이도 물과 기름은 서로 섞입니다. 대표적인 예로는 샐러드에 많이 사용하는 프렌치드레싱 '비네그레트소스_vinaigrette sauce'입니다. 발사믹식초와 올리브유를 1:3의 비율로 섞어 세게 저어 주기만 하면 물과 기름의 혼합 용액으로 만들어집니다. 단, 비네그레트는 마요네즈처럼 물에 기름이 분산되어 들어간 상태가 아니라 기름에 물이 분산되어 들어간 용액입니다. 그래서 마요네즈보다 덜 걸쭉합니다. 또 유화제를 사용하지 않았기 때문에 시간이 지나면 다시 물과 기름 층으로 분리됩니다. 그래서 오래 두고 먹기보다 빨리 먹어야 합니다.

새미는 케미의 설명을 듣자마자 다시 샐러드를 자세히 살핀다.

"어라? 물과 기름이 조금 분리된 게 보이는 것 같아요."
"아무래도 유화제가 없으니 서로 완전히 섞이긴 힘들겠지."

아빠가 이번에 통새우를 구워 크림소스, 마요네즈 소스와 함께 내놓는다. 새미가 잘 구워진 통새우를 집어 크림소스에 살짝 묻힌 뒤 베어 먹는다.

"와~ 대박! 탱글탱글한 새우 살이 씹히면서 소스와 함께 사르르 녹아요."

아빠도 크림소스에 찍어 맛을 본다.

"흠, 맛있긴 맛있구나. 이번엔 마요네즈 소스에 찍어 볼까?"

새미와 아빠가 동시에 마요네즈 소스를 찍어 맛을 본다.

"와! 고소하면서도 부드러운 맛이에요!"

새미가 좋아하는 모습을 보니 아빠도 덩달아 기분이 좋아졌지만 한편으로 오늘 새미의 시험이 어땠는지 무척 궁금하다. 새미에게 물어볼 타이밍을 맞추기 위해 아빠는 디저트까지 준비한다.

"하하, 새미야, 이제 디저트 먹어야지."
"우와! 디저트요?"
"거품 우유와 젤리!"
"거품… 우유요?"
"그래, 따듯한 우유 위에 우유 거품을 살짝 올린 거란다."
"… 아빠, 진짜 저 감동했어요. 세상 어디에도 없는 울 아빠~!"
"하하, 그러냐?"

새미의 말이 멋쩍은지 아빠가 뒷머리를 긁적이며 우유 거품을 만드는 스팀완드steam wand 기계와 우유 데울 때 쓰는 스팀피처steam pitcher를 선반에서 꺼내 온다. 거품 우유를 만들려면 일단 우유 거품을 만들어야 하기 때문이다. 아빠가 스팀피처에 차가운 우유를 부은 후 스팀완드에 갖다 댄다. 스팀완드는 뜨거운 스팀을 분출시키는 장치로, 이 스팀완드의 끝 부위인 노즐을 우유 표면에 살짝 담근 뒤 기계를 작동시키면 분출된 스팀에 의해 우유가 데워진다. 얼마 후 우유 거품이 올라오자 아빠가 그 거품을 우유 잔 위에 소복이 얹는다. 막 완성된 거품 우유를 새미 앞에 내놓는다.

"잘 마시겠습니다~!"
"오냐~!"

새미가 입술에 거품을 묻히며 몇 번 맛을 보더니 감상하듯 아빠에게 말한다.

"음~ 고소한 맛과 함께 엄청 부드러워요! 근데, 이 거품은 어떻게 만들어질까요?"
"하하. 글쎄? 케미는 알고 있지 않을까?"

새미가 케미 앱을 실행시킨 뒤 카메라로 우유 거품의 모습을 찍으며 말한다.

"케미야~! 우유 거품은 어떻게 만들어지는 거야?"

 "삐빅- 관련 내용을 검색합니다."

순간 포착 화학캠 케미

거품이 만들어지는 원리

마요네즈가 물과 기름이 섞인 액체 혼합물이라면 거품은 물과 공기가 섞인 혼합물이라 말할 수 있습니다. 카푸치노나 초코치노 위에 올리는 우유 거품은 우유(액체)와 공기(기체)의 혼합물입니다. 거품의 원리는 비누 거품이 만들어지는 원리에서 힌트를 얻을 수 있습니다. 비누 거품은 비누 속의 계면 활성제(유화제)가 다음과 같은 역할을 하기 때문에 만들어집니다.

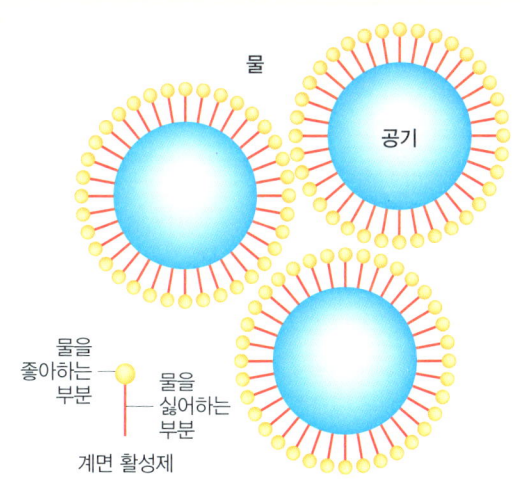

즉, 계면 활성제의 '물을 좋아하는 부분'은 물을 붙들고, '물을 싫어하는 부분'은 공기를 붙들기 때문에 물속에 생긴 공기층에 의해 거품이 만들어지는 것입니다. 우유도 마찬가지입니다. 스팀피처 속 차가운 우유를 스팀완드 기계로 데운 후 우유 속 단백질이 유화제 역할을 함으로써 우유 속에 공기를 끌어와 생긴 공기층에 의해 거품이 생깁니다.

거품의 원리도 알고 맛있는 요리와 디저트로 새미의 기분은 한껏 좋았다. 그런 새미의 기분을 눈치채고 아빠가 슬며시 다가가 시험 얘기를 꺼내려는 순간, 도어락 소리와 함께 새미 엄마가 돌아왔다. 그리고 엄마는 곧장 새미에게 다가가 묻는다.

"호호호, 오늘 마지막 과목이 과학이었지? 어땠니?"

새미 아빠는 왠지 허탈한 느낌이 들었다. 그동안 아빠가 망설였던 질문을 새미 엄마는 단숨에 던졌다. 새미가 곰곰이 생각하더니 이내 말한다.

"음~ 80점 정도는 받을 것 같아요."
"허허! 정말이냐?"

아빠가 털털 웃으며 새미의 머리를 쓰다듬어 준다.

"어이구, 장해~ 우리 새미! 이렇게 하다 보면 과학 만점은 시간 문제 아닐까?"
"헤헤! 노력해 볼게요. 아빠!"

흐뭇한 표정으로 두 사람을 바라보던 엄마도 말을 덧붙인다.

"수고했어, 새미야. 화학캠 케미랑 친해질수록 점수가 오를 테니 앞으로도 힘내자!"
"네~! 엄마!"

아빠가 새미에게 젤리 하나를 건넨다. 새미는 바로 입에 넣어 젤리를 우물우물 씹다가 문득 머릿속에 하나의 물음표가 떠오른다. 그러나 이내 다시 생각을 고친다.

'젤리에도 화학 원리가 있을까? 에이~ 아니다! 지금은 머리 아프니까 나중에 케미에게 물어봐야지!'

젤리화 반응

젤리가 만들어지기 위해서는 젤리화 반응이 일어나야 하는데요. 이때 사용되는 주재료가 펙틴[31]입니다. 펙틴은 낮은 온도에서 굳어지는 성질이 있기에 과일의 산과 당에 펙틴을 조금 섞어 주면 젤리화 반응이 일어나 끈끈한 젤리가 만들어집니다. 쫀득쫀득한 젤리가 되려면 펙틴의 그물 구조가 만들어져야 합니다. 펙틴 스스로는 그물 구조를 만들 수 없습니다. 왜냐하면 펙틴 분자가 (−)전기를 띠고 있어 서로 밀어내기 때문입니다. 이때 산(H^+)의 (+)전기가 펙틴 분자를 서로 붙드는 역할을 하기 때문에 그물 구조가 만들어질 수 있게 됩니다.

펙틴 대신 젤라틴을 사용하기도 합니다. 펙틴은 식물에서 나오는 성분이고, 젤라틴은 동물의 뼈·가죽·힘줄 등에 포함되어 있는 콜라겐이 포함된 성분입니다. 간혹 시중에 파는 젤리의 성분을 보면 '돼지 껍질 함유'라는 표시를 볼 수 있는데요. 이는 젤라틴을 만들기 위해 사용된 재료라고 생각하면 됩니다.

---

31 펙틴: 식물의 세포벽과 세포 사이에서 접착제 역할을 하는 물질이다.

11장

채소에 남은 농약을 없애는 원리

― 왜 농약이 남아 있을까?

💬   오늘은 새미의 기말고사 성적표가 나오는 날이라 그런지 새미 아빠가 유난히 저녁 준비에 신경을 쓴다. 물론, 그토록 바라고 원했던 고급 낚싯대를 얻을 수 있느냐 없느냐를 결정하는 날이기도 하다.

'오늘 저녁은 몸에 좋은 신선한 재료들로만 준비해야겠구먼.'

아빠가 콧노래를 부르며 냉장고 문을 연다. 카레가루와 미리 사 놓은 돼지고기를 식탁 위에 올려 두고, 감자와 당근은 유기농[32] 제품임을 확인한 뒤 깨끗하게 씻어 놓았다. 요즘 새미네 식탁은 온통 유기농 제품이다. 얼마 전 새미 엄마가 뉴스에서 농약이 묻어

---

32 유기농: 화학 비료나 농약을 사용하지 않고 퇴비만 사용하여 작물을 재배하는 농사법이다.

난 채소가 유통된다는 보도 내용을 본 이후부터였다. 장볼 때도 항상 유기농 제품을 고집하는 엄마 때문에 냉장고 속 재료에 온통 유기농 라벨이 붙어 있다. 그런데 아빠가 냉장고에서 양파를 꺼내 살펴보니 '저농약 농산물'이라는 라벨이 적혀 있다.

'저농약 농산물?'

때마침 새미가 학교에서 돌아왔다.

"학교 다녀왔습니다~!"
"오냐~! 아, 새미야! 얼른 손부터 씻고 주방에 잠깐 와 볼래?"

아빠는 저농약 농산물이 궁금해 케미한테 물어볼 생각이다. 재빨리 손 씻고 온 새미가 쪼르르 아빠 옆으로 다가왔다.

"아빠, 무슨 일이에요?"
"아, 그게… 요 녀석이 궁금하지 뭐냐?"

아빠는 양파 봉지를 들어 새미에게 보여 준다. 새미가 겉봉지에 붙은 글자를 차근히 읽는다.

"엥? 저농약 농산물?"

새미가 식탁에 앉더니 바로 케미 앱을 실행시킨다. 화학캠 속 카메라로 양파 봉지를 찍으며 케미에게 묻는다.

"케미야~! 저농약 농산물이 뭐야?"

케미가 징징 소리를 내며 작동한다.

"삐빅- 관련 내용을 검색합니다."

저농약 농산물

채소나 농산물이 잘 자라기 위해서는 먼저 병균, 해충, 잡초 등을 이겨 내야 합니다. 이때 화학 성분이 든 농약을 사용하면 간편하게 해결할 수 있습니다. 또 채소의 성장을 촉진시키기 위해서는 비료를 써야 합니다. 이때 인공적으로 만든 화학 비료를 뿌리면 채소가 훨씬 빠르게 잘 자랍니다. 이러한 이점 때문에 농민들은 농약과 화학 비료를 사용할 수밖에 없는 상황에 놓여 있습니다. 하지만 농약의 폐해가 언론을 통해 알려지면서 사람들은 좀 비싸더라도 몸에 좋고 덜 해로운 농산물을 찾게 되었고, 이때 등장한 것이 바로 '유기농 농산물'입니다. 유기농 농산물에 대해 알기 전에 먼저 '친환경농산물인증제도'를 알아야 합니다. 이 제도는 친환경 농산물의 종류를 유기농 농산물, 무농약 농산물, 저농약 농산물로 나누고 있습니다.

① 유기농 농산물: 농약과 화학 비료를 일체 사용하지 않은 농산물
② 무농약 농산물: 농약은 사용하지 않지만 화학 비료는 권장량의 3분의 1 이내로 사용한 농산물
③ 저농약 농산물: 화학 비료는 권장량의 2분의 1, 농약은 안전 기준의 2분의 1 이하로 사용한 농산물입니다. 이때 제초제는 사용하지 않아야 합니다.

물론 가격은 유기농 농산물 〉무농약 농산물 〉저농약 농산물 순서로 유기농 농산물이 가장 비쌉니다.

"흠, 이제 유기농과 저농약 농산물의 차이를 알겠군."

아빠가 저농약 농산물인 양파를 보더니 잠시 생각에 잠긴다.

'이건 조금이지만 농약을 썼다는 이야기인데?'

혹시나 하고 냉장고에 다른 양파를 찾아봤지만 없다. 새미가 양파 봉지를 들고 방황하는 아빠의 모습이 이상한지 묻는다.

"아빠! 요리하다 말고 뭘 그렇게 고민하세요?"
"으응? 아니 그게~ 우리 딸에게 좋은 재료로만 카레를 만들어 주고 싶은데~ 요 양파가 좀 마음에 걸리네?"
"왜요?"
"하필, 양파만 저농약 농산물이라니!"

새미는 아빠의 말에 감동하면서도 하나의 해결책을 제시한다.

"그러면 아빠, 양파를 더 깨끗이 씻으면 되지 않을까요? 그럼 농약도 다 씻겨 내려갈 텐데요?"
"그게… 들은 바로는 아무리 씻어도 농약이 완전히 제거되진 않는대."

"농약이 그렇게 무서운 건가요?"

"물론이지. 얼마나 무서운지 케미에게 한 번 물어봐."

새미는 당장 케미에게 농약이 어떤 피해를 주는지 물어본다.

"케미야~! 농약이 그렇게 무서운 존재야?"

케미가 징징 소리를 내며 작동한다.

 "삐빅– 관련 내용을 검색합니다."

순간 포착 화학캠 케미

농약이 가져다준 공포

옛날에는 농약을 잘못 마셔 사람이 죽는 경우도 많았어요. 물론 농약 제품에 따라 해로운 정도가 다르긴 합니다. 식물 재배에 사용되는 일정량의 농약의 경우, 그 식물에 묻은 농약을 사람이 먹었다고 해서 생명에 위험을 주지는 않습니다.

대개 사람들은 식물 재배에 쓰인 농약이 식물에 그대로 남아 있을 거라 생각하지만 사실 이때 사용하는 농약의 대부분은 햇빛에 의해 날아가거나 미생물에 의해 분해되어 없어집니다. 다만, 농약의 성분 중 잘 분해되지 않고 그대로 남아 있는 일부 성분이 문제입니다. 그중 하나로는 유기 염소계 농약이 있

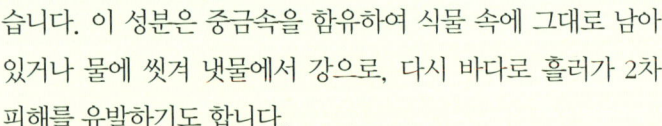

습니다. 이 성분은 중금속을 함유하여 식물 속에 그대로 남아 있거나 물에 씻겨 냇물에서 강으로, 다시 바다로 흘러가 2차 피해를 유발하기도 합니다.

1956년 일본의 미나마타시에서 주민들이 수은 중독에 의한 질병으로 커다란 피해를 입은 적이 있었는데, 그 원인을 추적한 결과 농약으로 밝혀졌습니다. 이는 공장 폐수의 잘못된 유출로 바다에 흘러든 농약 성분이 해산물을 오염시켰는데 이를 섭취한 주민들까지 영향을 끼쳐 집단으로 수은 중독 질병에 걸린 사건입니다. 손발이 저린 것에서 시작해 정신 분열, 우울증 심하면 수개월 내 사망까지 이르는 이 질병은 도시의 이름을 따 '미나마타병'이라고 불립니다. 이러한 사례처럼 농약을 뿌린 과일이나 채소에 중금속 물질이 남아 있을 가능성이 있어 최대한 농약을 제거한 후 먹는 것이 안전합니다.

 "거봐, 아빠가 뭐랬어! 농약 무섭지?"

"어휴, 그러게요. 그러면 이제 다들 유기농 농산물만 사먹겠네요?"

"음, 그러면 좋겠지만 유기농 농산물이 워낙 비싸서 매일 사먹기는 힘들어."

"헐. 비싸면 못 사먹는 사람도 많잖아요."

"그렇지."

"그러다 미나마타병에 걸리면 어떡해요?"

새미의 걱정 어린 목소리에 아빠도 쉽사리 대답을 내놓지 못한다.

"음… 아마도 잘 씻어서 먹어야겠지?"
"아까는 씻어도 농약이 완전히 제거되지 않는다고 하셨잖아요."
"맞아… 아아, 아빠도 사실 뭐가 뭔지 잘 모르겠다~! 하여튼 농약 신경 안 써도 되는 유기농 농산물이 좋은 것 아니냐?"

아빠의 말에 새미가 고개를 갸우뚱한다.

"유기농 농산물이 무조건 좋은 건가요? 전 절대적인 건 없다는 생각이 자꾸 들어요."
"엇? 새미 말도 일리가 있어! 나도 좋다고만 들었지 확인해 보진 않았구나!"
"그럼, 케미한테 물어봐요! 케미야, 유기농 농산물이 무조건 안전한지 알려 줘~!"

"삐빅– 관련 내용을 검색합니다."

유기농 농산물의 안전성

유기농 농산물이 농약과 인공 비료를 쓰지 않아 안전한 것은 널리 알려진 사실이지만 좀 더 깊이 파고들면 또 다른 문제를 발견할 수 있습니다. 100% 유기농 농산물을 만들어 낸다는 것이 매우 힘들다는 사실입니다.

유기농 농산물도 비료는 필요합니다. 물론 천연 비료이긴 하지만 동물성 비료와 식물성 비료로 나뉩니다. 식물성 비료는 풀을 발효시킨 퇴비나 쌀겨 등이 사용되므로 큰 문제가 되지 않는데, 문제는 동물성 비료에 있습니다. 동물성 비료는 주로 가축의 배설물을 발효시킨 것을 사용하는데 이 배설물 안에 화학 물질이 들어 있을 수 있습니다.

요즘 가축들은 대개 성장 촉진제나 항생제가 든 사료를 먹고 자랍니다. 그래야 병에 걸리지 않고 빨리 자라기 때문입니다. 그런데 성장 촉진제와 항생제 속에 든 화학 물질이 분해되지 않고 그대로 배설물에 섞여 나오므로, 그 성분들은 고스란히 동물성 천연 비료에 섞여 농작물에 사용됩니다. 그렇게 되면 결국 유기농 농산물에도 화학 물질이 침투하게 되는 것입니다. 물론 천연 사료를 먹인 가축의 배설물로 만든 비료라면 문제가 없겠지만, 이는 오늘날 우리나라의 축산 환경에서 쉽지 않은 일이라 합니다.

"에이, 이러면 유기농 농산물도 100% 믿을 수 없다는 이야기잖아요."

"호, 꽤… 충격이야, 충격! 돈은 돈대로 썼는데!"
"아빠! 무슨 방법이 없을까요?"
"글쎄, 결국 어떤 것도 안심할 수 없으니 이를 어쩐담?"

새미는 고민하는 아빠를 위해 다시 케미에게 문을 두드린다.

"케미! 농산물을 농약 걱정 없이 안전하게 먹는 방법은 어디 없을까?"

 "삐빅— 관련 내용을 검색합니다."

순간 포착 화학캠 케미

농산물의 농약 제거 방법

몇몇 농산물 관련 전문가들은 마트에서 농산물을 고를 때 너무 하나하나 지나치게 따지는 것보다 절충안을 찾는 것이 좋다고 조언합니다. 다시 말해, 유기농만 고집하기보다 가격과 품질이 적당한 농산물을 선택하면서 신선하게 먹는 것이 더 중요합니다. 농약 등 화학 물질이 걱정된다면 이를 제거하는 방법을 써서 농산물의 안전성을 보장받을 수 있습니다.

전문가들은 기준치 이하의 농약은 인체에 크게 해롭지 않으니 지나친 걱정은 필요 없다고 하지만 소비자 입장에서는 지나칠 수 없는 부분이기에 지금부터 농약과 세균을 제거하는 방법에 대해 알아보겠습니다.

대부분 채소나 과일의 농약을 제거하기 위해 흐르는 물에 몇 번씩 씻어 내는데 이는 구석구석까지 씻는 데 한계가 있습니다. 그래서 채소나 과일은 먼저 물에 담가 뒀다가 흐르는 물에 몇 번씩 헹구어야 구석구석까지 씻겨 내려갈 수 있습니다. 하지만 물로 잔류 농약을 완전히 제거하기는 힘듭니다. 그래서 이때 식초나 베이킹 소다를 이용하면 더욱더 농약 제거와 살균 효과를 볼 수 있습니다. 식초는 물에 녹아 다음과 같이 산성을 나타내는 수소 이온(H^+)을 발생시킵니다. 살균력을 가진 이 수소 이온은 농약 성분에 달라붙는 성질을 가집니다.

$$CH_3COOH \longrightarrow CH_3COO^- + H^+$$

베이킹 소다는 물에 녹아 염기성을 나타내는 수산화 이온(OH^-)을 만듭니다. 살균력을 가진 수산화 이온은 농약 성분에 달라붙는 성질을 가집니다.

뿐만 아니라 잔류 농약 제거에 강력한 효과를 나타내는 제품들이 최근에 출시되고 있는데 칼슘파우더가 대표적입니다. 칼슘파우더 주성분은 산화칼슘(CaO)으로 이는 물과 반응하여 다음과 같이 수산화 이온(OH^-)을 만듭니다.

$$CaO + H_2O \longrightarrow Ca^{2+} + 2OH^-$$

화학 반응식 좌변과 우변을 비교하면 Ca가 좌우변 각각 1개,

O가 좌우변 각각 2개, H가 좌우변 각각 2개로 일치하고 전하도 2^+와 2^-가 서로 상쇄되므로 이 반응식은 성립합니다. 그런데 이때 만들어지는 수산화칼슘[$Ca(OH)_2$]은 강한 알칼리성을 띠는 물질입니다. 이는 베이킹 소다보다 훨씬 강력한 염기성을 띠기 때문에 살균 효과와 농약 세척력이 더 우수합니다. 수산화칼슘의 칼슘 이온(Ca^{2+})과 수산화 이온(OH^-)은 반응성이 워낙 좋기에 농약과 같은 유해 화학 물질들의 분자 고리를 끊어 버리는 반응을 일으킵니다. 그래서 기존에 가지고 있던 유해 성질이 사라지게 하는 원리로 작동하는 것입니다.

"흠, 다음에 장 볼 때 꼭 칼슘파우더를 사야겠군."
"맞아요. 그것만 있으면 농약 걱정은 안 해도 될 것 같아요."

아빠는 집에 있는 베이킹 소다를 이용해 양파를 씻어 내면서 식사 준비를 본격적으로 하기 시작한다. 곧 주방은 카레 향으로 가득해졌고, 도어락 열리는 소리가 들리더니 엄마가 일을 마치고 왔다.

"다녀왔어요~! 어머, 이게 무슨 맛있는 냄새야?"

막 완성된 카레를 그릇에 담고 있던 아빠와 그 옆에서 보조하고 있던 새미가 엄마를 향해 말한다.

"왔어? 마침 딱 시간 맞추어 왔네!"
"엇? 엄마~ 다녀오셨어요? 오늘 저녁 메뉴는 카레예요~!"

푸짐하고 맛있는 저녁 식사를 배부르게 먹은 새미가 아빠에게 감사 인사를 전한다.

아빠는 새미에게서 듣는 칭찬이 매번 멋쩍다. 화기애애한 분위기 속 새미가 주머니에서 무언가를 꺼내 식탁에 살포시 놓는다.

"엄마, 아빠. 이번 기말고사 성적표 나왔어요."

아빠보다 제일 먼저 눈으로 점수를 찾은 엄마가 기쁘게 말한다.

"어머! 86점?"

새미의 이번 과학 점수는 86점으로, 저번에 예상했던 점수보다 높다. 새미가 뿌듯함을 숨기지 않고 엄마, 아빠에게 말한다.

"제가 이렇게 과학 점수를 잘 받을 수 있었던 것은 맛있는 음식을 해 주신 아빠와 케미 앱을 만들어 주신 엄마 덕분이에요! 정말

감사해요!"

"애는~ 네가 노력한 게 더 크지!"

"장하다~! 우리 딸! 냉장고를 탈탈 털어 요리한 보람이 있어!"

"헤헤! 아, 맞다! 케미야~! 고마워! 케미 덕분에 처음으로 과학이 재밌다고 느꼈어!"

새미 가족 모두 서로를 안으며 웃는다. 오늘 밤은 좋은 꿈만 꿀 것 같다. 새미는 내일 최신 폰을, 아빠는 고급 낚싯대를 사러 갈 예정이다.

소금의 살균 능력

채소를 먹을 때 채소에 남아 있는 농약도 위험하지만 사실 그보다 더 겁나는 것은 세균입니다. 2008년 미국에서 무려 167명이 살모넬라균에 집단으로 감염돼 큰 문제를 일으킨 적이 있었습니다. 그런데 이때의 발병 원인이 놀랍게도 유기농 토마토를 섭취했기 때문입니다. 뿐만 아니라 2011년에 슈퍼 박테리아가 유럽을 휩쓸어 수십 명을 죽게 한 일이 있었는데, 이때의 원인도 유기농 오이의 섭취 때문이었습니다.

채소의 세균을 없애려면 소금을 이용하는 것이 좋습니다. 지금부터 소금이 어떻게 살균 작용을 하는지 알아보겠습니다. 먼저, 소금이 물에 녹으면 다음과 같이 나트륨 이온과 염소 이온으로 나눠집니다.

$$\text{소금}(NaCl) \dashrightarrow \text{나트륨 이온}(Na^+) + \text{염소 이온}(Cl^-)$$

이때 염소 이온의 염소가 소독 작용을 하지요. 또 소금은 세포막을 통하여 삼투압을 일으키는 작용을 합니다. 이 때문에 김장철에 배추를 소금에 절여 두면 배추 속에서 물이 빠져나와 빳빳했던 줄기와 잎이 부드러워져 양념하기 쉽습니다. 마찬가지로 소금은 세균의 세포막에도 삼투압을 일으킵니다. 그래서 세균의 세포액은 빠져나오게 하고, 대신 소금이 침투하므로 말라 죽게 만드는 것입니다.